초콜릿어^語 사전

Dolcerica 가가와 리카코 지음
센주 마리코 감수   이지은 옮김

AK TRIVIA SPECIAL

초콜릿, 좋아하시나요?

이 책을 손에 든 독자라면 기력 보충을 위해 한 조각,

기분 전환 삼아 한 조각씩 드시거나,

또는 초콜릿을 마음껏 즐기기 위한 특별한 시간을 마련하면서,

매일 초콜릿과 함께 하는 생활을 즐기고 계시지 않을까요.

「초콜릿어 사전」은 초콜릿의 역사와 종류, 제조법 등 기본 정보와

킥킥대며 웃게 되는 초콜릿에 대한 단어들을 모아놓은 그림사전입니다.

궁금한 항목부터 찾아도 처음부터 읽어도 초콜릿에 대한 내용으로 가득합니다.

초콜릿이란 참으로 신비한 음식입니다.

없어도 사는 데 지장이 없지만 한번 그 매력에 사로잡히면

초콜릿 없는 인생은 생각할 수 없게 되죠.

인생을 풍성하게 해주는 예술 같은 존재.

그저 입에 넣는 것만으로도 충분히 행복하지만,

독자 여러분이 이 책을 통해 초콜릿의 세계를

더욱 즐기실 수 있게 된다면 기쁠 것입니다.

[일러두기]

전 세계에는 뛰어난 솜씨와 장인정신으로 초콜릿을 제작하는 개인 규모의 쇼콜라티에가 많이 있지만, 이 책에는 전혀 소개되어 있지 않습니다. 일본에 널리 유통되고 있는 제조사나 초콜릿, 혹은 초콜릿의 역사나 시대의 흐름과 관계가 깊은 쇼콜라티에에 한하여 그 현상을 설명하기 위해 언급했습니다.

장인이 만든 쇼콜라티에 세계에 대해서는 다음 기회에 그림과 글로 다시 소개할 수 있기를 바랍니다.

※이 책의 데이터는 2016년 4월 기준입니다. 상품에 따라서는 현재 취급하지 않거나, 가격이 변경된 경우가 있을 수 있습니다.

이 책을 보고 즐기는 법

단어 보기

가나다 순으로 「초콜릿의 종류」, 「역사」, 「인물」 등, 초콜릿과 관계된 단어를 배열했습니다.

읽는 법·명칭
기본적으로 국립국어원의 외래어 표기법을 따르되 가능한 원래 발음에 가깝게 표기했습니다.

[ ] 안의 표기
해당 단어의 원어를 알파벳, 한자, 히라가나 및 가타카나로 표기하였습니다.

앙리 네슬레 [Henri Nestlé]

1814-1890년. 스위스의 약사이자 네슬레 사의 창업자. 그는 당시 높았던 영유아의 사망률을 개선하기 위해 1867년 분유 제조법을 발명했다. 같은 마을 브베Vevey에 살면서 초콜릿 제조법을 연구하던 다니엘 페터에게 분유의 사용을 권하였으며 그 결과 1875년 세계 최초로 밀크초콜릿이 탄생했다. ※1

→「다니엘 페터」
「4대 발명」

밀크초콜릿의
탄생을 도왔지

연관 단어에 대해
문단 끝에 있는 →로 표시된 「안에는 해당 항목과 관련된 단어를 추가하였습니다. 초콜릿에 대한 이해를 더욱 깊게 하는 데 좋은 참고가 될 것입니다.

참고문헌에 대해
전문적인 정보에 대해서는 참조한 문헌을 알 수 있도록 권말에 있는 참고문헌 리스트에 붙인 번호와 같은 번호를 기재했습니다.

〈주1〉 카카오와 코코아의 표기에 대하여…문헌에 따라 「코코아 파우더」, 「코코아 버터」라고 표기된 것도 있으나 이 책에서는 「카카오 파우더」, 「카카오 버터」로 통일했습니다.
〈주2〉 이 책의 데이터는 2016년 4월 기준입니다. 상품에 따라서는 현재 취급하지 않거나, 가격이 변경된 경우가 있을 수 있습니다.

이 책을 읽는 방법

초콜릿에 대해 궁금한 단어가 있다면,
첫 글자에 해당하는 페이지를 찾아보세요.

초콜릿에 대해 깊은 지식을 얻기

초콜릿 포장이나 광고에 적혀 있는 단어가 궁금할 때는 이 책에서 찾아보세요.
지식이 넓어질수록 초콜릿 선택이 더욱 즐거워집니다.

「식食」 이외의 측면에서 본 초콜릿의 매력이란?

초콜릿과 관계된 역사상의 인물이나 문화예술인을 알아보고,
초콜릿을 통해 세계 역사를 들여다보는 등
다양한 각도에서 초콜릿을 살펴봅시다.
새로운 발견을 하게 될지도 모릅니다.

칼럼을 즐기기

이 책 여기저기에 길고 짧은 칼럼을 실었습니다.
단어 사전과는 달리 주제마다 깊이 있게 파고들어 정리한 지식을
만화나 그림책처럼 즐길 수 있습니다. 조금 심오한 이야기도 있습니다만,
초콜릿 조각을 하나씩 집어 먹듯 어디에서든 자유롭게 읽어주세요

분야별 색인의 사용법

권말에 초콜릿과 관련된 단어를 분야별로 분류한 색인 페이지를
실었습니다.
알고 싶은 장르에 대해 빨리 찾아볼 수 있도록 정리했습니다.
예컨대 '초콜릿의 역사'에 대해 알고 싶다면
우선 색인부터 찾아보시기 바랍니다.

Contents

Column

특별편집

분야별 색인

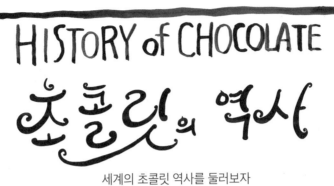

HISTORY of CHOCOLATE
초콜릿의 역사

세계의 초콜릿 역사를 둘러보자

기원전 2000년경

CACAO

CORN

PEPPER

WATER

메소아메리카Mesoamerica, 중미 고대 문명권에서 기원전 2000년경부터 자생(이미 당시부터 재배되었다는 설도 있습니다)했다고 알려진 카카오. 카카오는 화폐로서 오랫동안 사용되었지만 마야, 아즈텍 문명의 시대가 도래한 이후부터는 음료로 마시게 되었습니다.

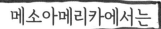

메소아메리카에서는

유분이 많은 카카오를 편하게 마시기 위해 높은 곳에서 아래의 그릇으로 카카오 따르기를 반복하여 거품을 냈습니다.

카카오 빈은 매우 귀해서 화폐로도 유통되었다고 합니다. 가치가 어느 정도였는지에 대해 여러 가설이 있지만 30알이 토끼 한 마리 정도였다고! [*1]

30 CACAO BEANS = 1 LITTLE RABBIT

아즈텍의 왕 몬테수마 2세Montezuma II는 하루에 초콜릿 음료를 50잔이나 마셨다고 합니다.

50 CUPS

맛있는 음료라기보다는, 약이나 정력제였느니라!

17세기 이후 유럽 각지에

1615년, 스페인 여왕 안 도트리슈Anne d'Autriche가 프랑스 왕과 결혼하면서 초콜릿이 프랑스에 전해졌다고 합니다.

초콜릿 없는 생활이라니 있을 수 없느니라!!

이후, 이탈리아, 오스트리아, 독일 등 유럽 각지에 초콜릿이 널리 전해졌습니다.

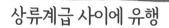

상류계급 사이에 유행

16~17세기에 스페인, 포르투갈, 프랑스의 왕후귀족이나 성직자 사이에 초콜릿이 널리 확대되었습니다.

고가의 드레스를 더럽히지 않도록 연구한 독특한 모양의 초콜릿 컵이 만들어졌습니다. 중앙에 컵을 잡아주는 테가 달린 유형은 만세리나Mancerina, 컵 바닥이 들어갈 홈이 파인 유형은 트랑블뢰즈Trembleuse라고 합니다.

뜨거운 물에 녹여 마시는 휴대용 고형 초콜릿도 생겼습니다.

영국에서는

영국에서는 초콜릿 하우스가 생겨 시민들이 정치나 문화에 대해 대화를 나누는 사교장소가 되었다고 합니다.

1655년, 카카오 재배가 이미 시작된 자메이카를 식민지로 삼으면서 카카오 공급원을 확보할 수 있었기 때문입니다.

그래도 여전히 고가였기 때문에 이용할 수 있는 것은 유복한 시민들이었습니다.

초콜릿의 4대 발명

그리고 19세기에 들어서, 먹는 초콜릿이 태어나기 위한 4대 발명이 이루어졌습니다.

네덜란드의 판 하우턴Coenraad Johannes van Houten이 카카오 빈에서 지방 일부를 추출하는 데 성공. 카카오파우더를 발명합니다.

1828년 카카오 파우더 발명

영국의 조지프 프라이Joseph Storrs Fry가 먹는 초콜릿의 원형을 만들어냈습니다.

1847년 먹는 초콜릿 탄생

스위스에서 다니엘 페터Daniel Peter가 분유를 사용하여 밀크초콜릿을 만들어냅니다.

크리미~

1875년 밀크초콜릿 등장

스위스 로돌프 린트Rodolphe Lindt가 콘칭Conching 제법을 고안하여 보급하기 시작합니다.

1879 콘칭 제법의 발명

매끈하게 녹는 느낌의 초콜릿이 마침내 탄생!

유럽 각지에서 발전

유럽 각지에서 개성이 풍부한 초콜릿
문화가 꽃피었습니다.

미국에서는

18세기

미국에는 18세기에 초콜릿이
전해졌다고 합니다.

20세기 초

밀튼 허쉬Milton Snavely Hershey가 대규모 초
콜릿 공장을 세웠고, 20세기 초부터 초콜릿
대중화가 진행되었습니다.

초콜릿은 전투식량
은 물론 우주식으로
도 선정되었습니다.

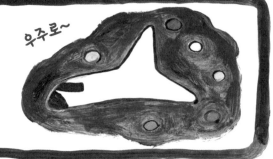

세계 각지의 초콜릿

아시아

유럽 국가의 식민지에서 16세기부터 카카오 재배가 시작됐습니다.

쌀과 초콜릿으로 만든 죽도 있어요!

중남미

6세기 이후 중미에서 남미로 카카오 재배가 확대됐습니다.

마시는 초콜릿이 인기예요.

아프리카

17세기 이후 유럽을 시작으로 초콜릿 소비국에 카카오를 공급하게 됐습니다.

아프리카에서 카카오를 재배하는 사람 중에는 초콜릿을 먹어본 적이 없는 사람도 있다고 합니다.

그리고 현재는 카카오 빈부터 초콜릿 완성까지 일관적으로 제조하는 빈투바Bean to Bar의 움직임도 일어나고 있습니다.

Bean to Bar

일본 초콜릿의 역사

17세기

일본에서 처음으로 초콜릿을 먹어본 사람은 17세기 다테 마사무네伊達政宗의 명령에 따라 유럽에 건너간 하세쿠라 쓰네나가支倉常長 이하 파견사절단 일행인 것으로 알려져 있습니다.

그리고 18세기에는 나가사키의 게이샤가 '쇼쿠라아토しょくらあと'라고 적힌 초콜릿을 네덜란드 사람으로부터 받았다는 기록이 남아있습니다.

1871년

메이지유신 이후 이와쿠라 사절단이 유럽과 아메리카로 파견되었습니다. 사절단 일행은 프랑스에서 초콜릿을 먹고 공장을 견학했다고 합니다.

1878년

요네즈후게쓰도米津風月堂에서 일본 최초의 초콜릿이 발매되었습니다.

1899년

미국에서 양과자를 배운 모리나가 다이치로森永太一郎가 귀국. 양과자 제조판매를 시작합니다.

1918년

모리나가제과가 일본 최초로 카카오 빈에서부터 초콜릿을 만드는 일관제조를 시작했습니다.

MORINAGA'S MILK CHOCOLATE

하지만 당시까지는 여전히 고급품이었으며, 이후 대중화로 가는 계기가 되면서 여타 제조사도 이 흐름을 계속 이어갔습니다.

1951년

OK!

CACAO

카카오 빈의 수입이 재개되어 일본 내 생산 초콜릿이 차례차례 등장했습니다.

각 메이커가 1950년대부터 밸런타인 캠페인을 개시. 밸런타인데이는 '여성이 좋아하는 남성에게' 초콜릿을 선물하는 날이라는 일본 특유의 이미지가 정착되어 갔습니다.

VALENTINE

초콜릿 장인의 손으로 만든 고급초콜릿이 인기를 끄는 한편…

전국 각지에 지역 한정 초콜릿도 등장

그리고 현재, 초콜릿은 남녀노소를 막론하고 두루 사랑받고 있습니다.

초콜릿의 제조공정

카카오나무에 열린 카카오 열매가
한 장의 판 초콜릿이 되기까지의 여정을 소개합니다.

~카카오 산지에서~

1 수확

꽃이 피고 열매가 맺힌 후 반년 정도 지나
서 숙성된 카카오 열매를 수확. 품종에 따
라 노란색, 오렌지, 빨간색 등 다양한 색
깔의 열매가 열립니다.

한 해에
두 번
딸 수 있지!

2 알맹이 빼내기

카카오 포드라고 불리는 카카오 열매를 손도끼 등으로 쪼개, 카카오 빈을 빼냅니다. 카카오 빈은 카카오 펄프라는 하얀 과육에 둘러싸여있습니다.

카카오 포드

하얀 카카오 펄프 속에 든 카카오 빈

발효 정도에 따라 카카오 빈의 맛과 향이 달라집니다

3 발효

발효는 두 단계. 먼저, 빼낸 카카오 빈을 펄프째로 바나나 잎으로 감싸고 공기가 닿지 않도록 발효. 그 다음, 교반하면서 공기와 섞어 발효시킵니다.

상자에서 발효시키는 경우도 있습니다.

4 건조

태양빛에 말리며 카카오 빈을 건조시킵니다. 여기서 남는 수분량은 약 7~8퍼센트 정도.

대규모 농장에서는 건조실에서 건조하기도 하지

5 출하

건조한 카카오 빈을 검품하고 마대 등에 담아 초콜릿 생산국으로 출하합니다.

다녀오겠습니다~!

CACAO

CACAO
CACAO
CACAO

~공장에서~

1 선별

카카오 산지에서
도착한 카카오 빈을
선별합니다.

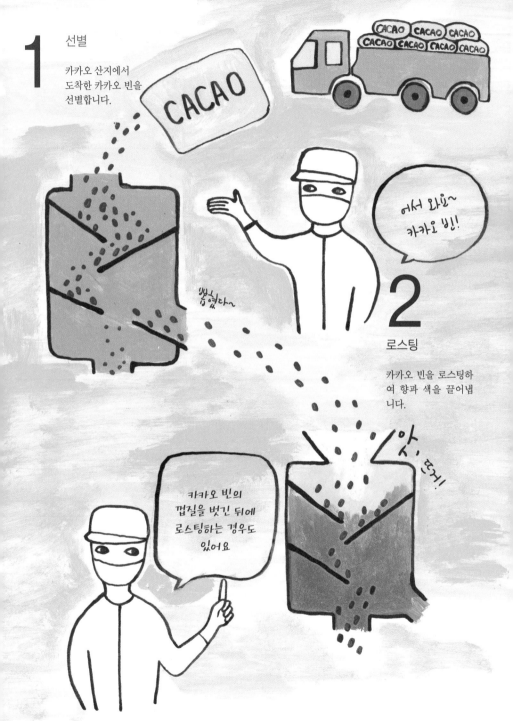

2 로스팅

카카오 빈을 로스팅하
여 향과 색을 끌어냅
니다.

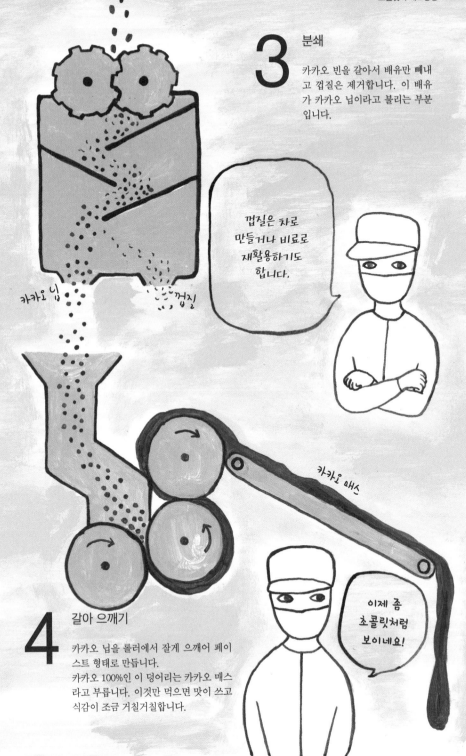

3 분쇄

카카오 빈을 갈아서 배유만 빼내고 껍질은 제거합니다. 이 배유가 카카오 닙이라고 불리는 부분입니다.

껍질은 차로 만들거나 비료로 재활용하기도 합니다.

카카오 닙

껍질

카카오 매스

4 갈아 으깨기

카카오 닙을 롤러에서 잘게 으깨어 페이스트 형태로 만듭니다.
카카오 100%인 이 덩어리는 카카오 매스라고 부릅니다. 이것만 먹으면 맛도 쓰고 식감이 조금 거칠거칠합니다.

이제 좀 초콜릿처럼 보이네요!

5 섞기

다크, 밀크, 화이트 등 각 초콜릿을 만드는 데 필요한 재료를 서로 배합하여 잘 섞습니다.

잘~ 섞이는중이라~!

MILK SUGAR COCOA BUTTER CACAO MAS

다크초콜릿
카카오 매스
카카오 버터
설탕

밀크초콜릿
카카오 매스
카카오 버터

화이트초콜릿
카카오 버터
설탕, 분유
분유, 설탕

6 가루로 만들기

롤러가 여러 개 달린 정제기에서 잘게 으깨 가루로 만듭니다.

15~20 미크론의 가루상태

걸으승도 맛도 코코아와 다아어요

※ 옳은 공장에서는 맛을 볼 수 없어요!

7 콘칭

콘칭 머신 속에는 교반봉이 있어서 정제기에서 곱게 분쇄된 초콜릿을 오랜 시간 동안 진득하게 반죽하여 부드럽게 만듭니다.

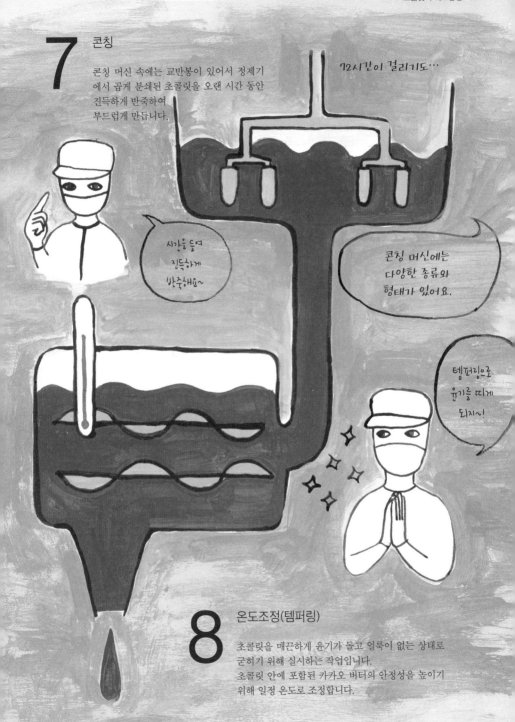

8 온도조정(템퍼링)

초콜릿을 매끈하게 윤기가 돌고 얼룩이 없는 상태로 굳히기 위해 실시하는 작업입니다.
초콜릿 안에 포함된 카카오 버터의 안정성을 높이기 위해 일정 온도로 조정합니다.

9 성형

틀에 부어넣습니다.

> 틀(몰드)은 폴리카보네이트제가 좋습니다. 튼튼하고 내열성도 우수하죠.

10 냉각

냉각 컨베이어에 올려 차갑게 식혀서 굳힙니다.

Cool~!

11 틀 분리

틀에서 떼어냅니다.

> 틀을 아래로 돌려서 PON!

템퍼링이 제대로 된 초콜릿은 굳으면 크기가 조금 줄어들기 때문에 깨끗하게 떨어집니다.

12 포장

은박지나 포장지로 싸서
상자에 담습니다.

개별포장까지는 기계로,
공장에서도 상자에 담는 일은
사람 손으로 하기도,
눈과 손으로 확인!

상자에
담으면서
검품을 하기도

13 숙성

출하 전에 창고에 묵혀서
맛을 정착시킵니다.
제품마다 숙성 시간도 달라
집니다.

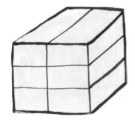

14 완성!

오늘 간식은   내가 좋아하는 초콜릿!

가게에서 여러분의 손 안으로!

카카오의 주요생산지와 초콜릿 소비국

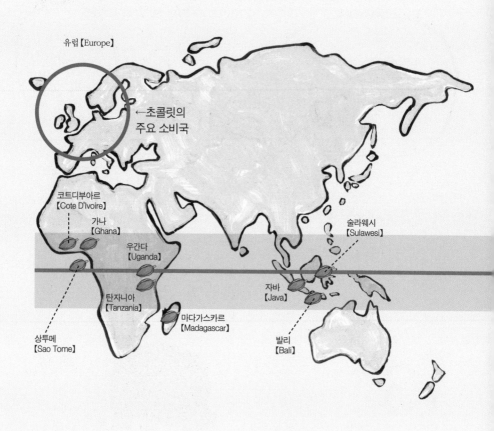

유럽【Europe】

←초콜릿의 주요 소비국

코트디부아르 【Cote D'Ivoire】

가나 【Ghana】

우간다 【Uganda】

탄자니아 【Tanzania】

마다가스카르 【Madagascar】

상투메 【Sao Tome】

술라웨시 【Sulawesi】

자바 【Java】

발리 【Bali】

초콜릿 소비국

1인당 초콜릿 소비량을 살펴봅시다[주1]. 1위인 독일에서는 1년에 무려 10kg이상 초콜릿을 먹습니다. 같은 유럽 안에서도 대량소비국은 비교적 위도가 높은 북부 지역에 집중되어 있는 것으로 보입니다.

주1) 2013년 세계 초콜릿 생산 및 소비국가
자료: 국제과자협회(ICA)/ 유럽제과협회 (CAOBISCO)

1인당 연간 초콜릿 소비량 순위

2013년도 기준 1위에서 10위까지의 국가와 소비량을 확인해보자!

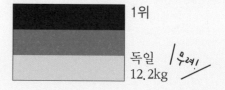

1위

독일 /우리/
12.2kg

초콜릿 원료인 카카오는 적도에서 북위와 남위 모두 20도 정도의 지역에 집중되어 있습니다.
한편, 초콜릿을 많이 먹는 나라는 북반구에 모여 있습니다.

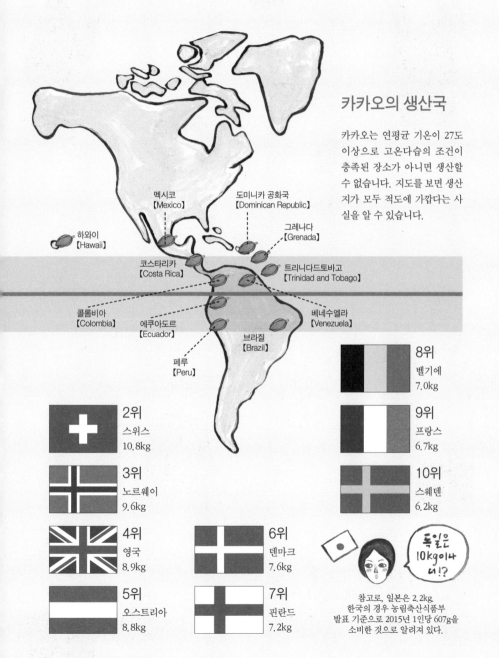

카카오의 생산국

카카오는 연평균 기온이 27도 이상으로 고온다습의 조건이 충족된 장소가 아니면 생산할 수 없습니다. 지도를 보면 생산지가 모두 적도에 가깝다는 사실을 알 수 있습니다.

멕시코
【Mexico】

도미니카 공화국
【Dominican Republic】

하와이
【Hawaii】

그레나다
【Grenada】

코스타리카
【Costa Rica】

트리니다드토바고
【Trinidad and Tobago】

콜롬비아
【Colombia】

에쿠아도르
【Ecuador】

베네수엘라
【Venezuela】

페루
【Peru】

브라질
【Brazil】

8위
벨기에
7.0kg

2위
스위스
10.8kg

9위
프랑스
6.7kg

3위
노르웨이
9.6kg

10위
스웨덴
6.2kg

4위
영국
8.9kg

6위
덴마크
7.6kg

독일은 10kg이나 돼!?

5위
오스트리아
8.8kg

7위
핀란드
7.2kg

참고로, 일본은 2.2kg.
한국의 경우 농림축산식품부
발표 기준으로 2015년 1인당 607g을
소비한 것으로 알려져 있다.

판매원

연구자

무역 바이어

먹는 사람

코디네이터

초콜릿과 연관된 사람들

카카오 농가

공장 직원

쇼콜라티에

카카오를 찾는 사람

카페 점원

운송 담당

CHOCOLATE

가나 초콜릿 [Ghana Chocolate]

롯데가 1964년에 발매한 초콜릿. 밀크초콜릿의 발상지 스위스로부터 초콜릿 기술자 맥스 블랙을 초빙하여 개발했다. 「가나 밀크」는 빨강, 「가나 블랙」은 검정, 「가나 화이트」는 흰색 포장이다. 이 초콜릿의 이름 때문에 '카카오 원산지라면 가나' 라고 떠올리는 사람도 많지 않을까?

1964년 발매 당시의 패키지

가나슈 [Ganache]

생크림 또는 우유와 초콜릿을 유화시켜 페이스트 상태로 만든, 입에 잘 녹는 초콜릿 크림. 트리플 Truffle의 속 등에 사용된다.

사르르 녹는 행복♥

가바 [GABA]

가바란 γ감마-아미노낙산Gamma Amino butyric Acid 의 약자로 식물이나 동물, 인간의 체내에도 존재하는 천연아미노산의 일종. 뇌나 척수에서 억제성 신경전달물질로서 기능하며 스트레스 사회에서 각광을 받고 있는 성분이다. 가바에 주목하여 만들어진 초콜릿이 에자키 글리코의 멘탈 밸런스 초콜릿 「GABA」다. 푹 안정을 취하고 싶을 때 한입 먹어보고 싶다.
→ 「에자키 글리코 주식회사」

Relax~

가키노타네 [柿の種]

감의 씨앗 모양을 한 간장 맛 과자 중에는 초콜릿을 코팅한 제품도 있다. 화이트 초콜릿이나 딸기맛 초콜릿 등, 맛도 다양.

가토 쇼콜라 [Gâteau au chocolat]

초콜릿 케이크. 프랑스에서는 가정 과자의 단골 아이템으로, 집집마다 레시피도 각양각색. 시판되는 판 초콜릿을 녹여, 달걀이나 밀가루, 설탕을 더해 쉽게 구할 수 있는 재료로 간단하게 만드는 사람도 많다.

간생화 [幹生花]

나무 줄기에서 바로 꽃이 피고 열매가 열리는 식물 형태로, 카카오가 바로 간생화이며 파파야, 두리안 등 열대 식물 중에 간생화가 많다. 줄기에 카카오 열매가 대롱대롱 달려있는 모습을 처음 보면 조금 놀랄지도?

거품

초콜릿이 아직 음료였던 시기에는 거품이 맛을 결정지었다. 돌로 간 카카오 빈은 식감이 걸칠었기에 거품을 냈고, 거품 덕분에 카카오 빈의 유지가 확산되면 마시기 편해지는 효과가 있었다. 마야, 아즈텍에서는 그릇에서 그릇으로 카카오 음료를 옮겨 담으면서 거품을 냈으나, 유럽에 전파된 이후 전용 교반봉인 몰리니요가 발명되었다.
→「마야문명」
　「아즈텍 문명」
　「몰리니요」

갱년기 장애

카카오의 폴리페놀에는 인슐린 생성 촉진 효과가 있어 갱년기 장애의 개선에 도움이 된다고 한다. 그렇다고 해서 한 번에 다량을 먹는다고 효과를 볼 수 있는 것은 아니며, 매일 일정량의 카카오 고함량 초콜릿을 꾸준히 먹는 것이 포인트라고 한다. ※10

거대 간판

기네스북에 등록된 세계 최대의 플라스틱제 광고 간판은 「메이지 밀크초콜릿」의 거대간판 「빅 미르치ビッグミルチ」로, 2011년에 설치되었으며 주식회사 메이지의 오사카 공장의 벽면을 덮고 있다. 높이 27.6m에 폭은 165.9m, 통상 판매되는 밀크초콜릿 38만 장에 해당하는 크기라고 한다. 참고로 미르치ミルチ는「메이지 밀크초콜릿」을 의미.
→「칼럼: 전문가들이 쓰는 약칭을 알려드립니다」

사진 제공 : 주식회사 메이지

고디바 [GODIVA]

벨기에 브뤼셀에서 1926년에 창업한 쇼콜라티에르. 고디바는 고급 초콜릿의 대명사라고도 말할 수 있으며, 일본의 경우 버블 시대에 청춘을 지낸 세대에게는 밸런타인 고백 초콜릿이라면 먼저 떠오르는 것이 고디바의 아름다운 초콜릿이었다고.

고에다 [小枝]

작은 나무가지 모양을 한 모리나가제과의 초콜릿 과자. 1971년 발매 당시에는 초콜릿과 캐슈너트를 조합했는데 1978년부터 현재와 같은 초콜릿과 아몬드 조합이 되었다.

곤차로프 [Goncharoff]

러시아 혁명의 불길을 피해 고베로 피난해온 로마노프 왕조의 과자 장인 마카로프 곤차로프가 1923년 창업. 궁정 장인이 만든 아름답고 맛있는 초콜릿은 일본인에게 충격을 주었다. 일본에서 처음으로 위스키봉봉을 만들었다고 알려진 메이커이다.
→「위스키 봉봉」

교반봉

→「몰리니요」

구로가유 [黑粥]

초콜릿, 빵가루, 아몬드, 시나몬으로 만든 죽의 일종. 18세기 이탈리아 북부 토렌트에 살던 페리치 리베라라는 성직자가 만든 레시피집에 실려 있다. 왠지 단팥죽과 비슷해 보인다.

구리 [Copper]

철분에서 헤모글로빈이 만들어질 때 필요한 미네랄. 카카오 빈 100g에는 구리가 2.8mg%함유되어 있다.[2]

구스타 에리코 [楠田 枝里子]

일본의 사회자이자 에세이스트. 「초콜릿 없이는 살 수 없다」고 공언할 정도로 초콜릿을 좋아하며, 초콜릿과 관련된 저서로『초콜릿 다이어트チョコレート・ダイエット』,『초콜릿의 기적チョコレートの奇跡』이 있다.『초콜릿의 기적』은 의사나 과학자, 쇼콜라티에 등 각 분야의 전문가를 취재한 것으로 구스타 씨의 독자적인 시점과 초콜릿을 향한 강한 애정을 느낄 수 있는 내용이다.

구슬 초코 [玉チョコ]

1899년. 모리나가제과의 전신인 모리나가 서양과
자 제조소는 슈가 크림 위에 초콜릿을 얇게 감싼
「초콜릿 크림」, 통칭 「구슬 초코」를 판매했다. 이
듬해 영어 간판을 걸자 파크 미국공사 부인이 그
것을 보게 되었고 마침내 각국 공사 가족이나 정
부 고관들 사이에 모리나가 제품을 좋아하는 사람
이 늘었다.

구아나야 [Guanaja]

중미 온두라스에 있는 섬. 1502년 이 섬 앞바다에
서 크리스토퍼 콜럼버스가 카카오 빈이 실린 카누
와 마주쳤다는 전설의 땅. 발로나 사의 블랙 초콜
릿 「구아나야」도 일본어 표기는 다르지만 알파벳
철자는 「GUANAJA」로 이 섬의 이름과 동일하다.
→ 「콜럼버스」, 「발로나」

구초키파 [グーチョキパー]

가위바위보를 하면서 이긴 사람이 '바위グ'를 냈으
면 「글리코」라고 말하면서 세 걸음, '가위チョキ'면
「초콜릿」이라고 하면서 여섯 걸음, '보パ'면 「파인
애플」이라고 하면서 여섯 걸음 앞으로 나가는 일
본식 가위바위보 놀이. 지역에 따라 「글리코 덤」으
로 일곱 걸음, 또는 「글리코 상품」으로 아홉 걸음
앞으로 나가는 규칙도 있다. 야외 계단에서 놀기
도 한다고. 참고로 1933년 오사카 아사히신문의
글리코 광고에 「도쿄에서 유행하는 가위바위보 놀
이법」이라고 게재되었다고 한다.
→ 「야마자키 글리코」

↑ 당시의 글리코 광고

구충제 [驅蟲製]

제2차 세계대전이 끝나고 얼마 지나지 않은 1948
년, 일본에서는 '구충제'라는 뜻의 'Anthelminthic'
에서 이름을 딴 「안테르민 초콜릿アンテルミンチョコ
レート」이 발매되었다. 이것은 문자 그대로 기생충
을 구제하는 구충제였다. 당시는 공중위생이 좋
지 못했기에 기생충이 있는 아이가 많았는데, 문
제는 구충제가 너무나 맛이 없어 잘 먹으로 하지
않았기에 초콜릿 풍미로 만들어 출시하게 되었다.
하지만 당시에는 진짜 초콜릿을 입수할 수 없었으
므로 코코아를 전분으로 만든 포도당에 녹인 것이
사용되었다고 한다.
→ 「글루초코」, 「대용초콜릿」

군용 초콜릿

포켓사이즈의 고칼로리 비상식으로 제2차 세계대전 중에 군용 초콜릿이 배급되었다. 미군용 초콜릿의 대부분은 미국의 최대 초콜릿 메이커인 허쉬가 군용으로 특수 제조. 1937년에 폴 로건Paul Logan 대령이 허쉬 사에 이 초콜릿을 처음 의뢰했는데 그 조건은 「중량 4온스110g, 고칼로리, 내열성」이었다. 나아가 군에서 더 좋은 내구성과 풍미가 있는 초콜릿을 만들 수 있는지 타진해왔기에 개발한 것이 「트로피칼 바」이다. 4온스 3팩으로 전투원이 하루에 필요로 하는 최저 열량인 1800㎉를 충족하며, 맛도 더 좋고 48℃ 기온에 한 시간 두어도 형태가 변하지 않을 정도로 내열성도 우수한 초콜릿이었다. 그래서 이것은 1971년의 아폴로 15호의 우주식에도 채용되었다. 이후, 걸프전쟁 당시 허쉬는 60℃에도 견디는 「디저트 바」를 개발, 군용식으로 채택된 바 있다.

제2차 세계대전이 한창이던 1942년에 군용 D레이션으로 채용된 **트로피컬 바**

글라사주 [Glaçage]

과자 표면에 당의나 크림, 초콜릿을 덮는 일.

글라스 오 쇼콜라 [glace au chocolat]

프랑스어로 초콜릿을 사용한 아이스크림을 가리킨다.

글루초코 [グルチョコ]

글루코스Glucose, 즉 포도당을 주원료로 한 대용 초콜릿. 전후 일본에서는 이 포도당에 원료 통제 대상에 속하지 않은 약품용 카카오 버터 제조의 부산물인 카카오 파우더 등을 배합하여 초콜릿 대용품을 생산했다. 통칭 「글루초코」라고 불렸던 대용 초콜릿은 수요에 공급이 따라가지 못할 정도로 대인기였으며, 1949년에는 도쿄도 부흥 복권의 경품으로 약 80만 장이 납품되었다고 한다.
→「대용초콜릿」, 「카카오 버터」

금식 [禁食, Fast]

16세기 이후 스페인이나 프랑스, 이탈리아 같은 가톨릭 국가에서는 초콜릿을 음료로 볼 것인지 음식으로 볼 것인지 하는 것이 논쟁의 대상이 되었다. 가톨릭 신자는 영성체나 사순절과 관련해서 금식을 해야 하는데, 그 기간 중에 초콜릿을 먹어도 좋은가 여부가 논의의 목적이었다. 초콜릿 매매에 관여하고 있던 예수회는 초콜릿은 음료이므로 금식 중에 입에 대도 된다고 주장한 반면, 금욕적인 도미니크 수도회는 반대 의견이었다. 이후로 몇 번의 논쟁이 생겼지만 당시 교황들은 초콜릿은 음료이므로 금식 대상이 아니라고 답했다고 한다. 물론 고형 초콜릿이 탄생하기 이전의 이야기다.
→「예수회」, 「도미니크 수도회」

기노코노야마 [きのこの山]

1975년 발매된 메이지의 초콜릿 스낵. 사실은 「아폴로」와 동일한 기계로 더 다양한 제품을 만들어 보려던 연구를 통해 탄생한 제품이다. 삼각형 머리에 크래커 손잡이를 붙여보니 버섯과 비슷하고 귀여웠기 때문에 「기노코노야마버섯의 산」이라고 이름을 붙였다. 자매품인 「다케노코노사토たけのこの里, 죽순 마을」은 1979년에 발매되었다.
→「아폴로」, 「칼럼: 전문가들이 쓰는 약칭을 알려 드립니다」

같은 기계에서 나온 형제~

기무라 가에라 [木村 カエラ]

일본의 가수 기무라 가에라가 부른 「초콜릿チョコレート」의 가사는 가수 본인이 쓴 것. 씁쓸하면서도 달콤하게 입 안에서 녹는 초콜릿. 그런 신비한 힘에 대해 노래하는 러브송이라고 한다.

기브 미 초콜릿 [Give me chocolate]

한국전쟁 당시의 한국과 마찬가지로 제2차 세계대전 직후의 일본에서는 「기브 미 초콜릿」이라는 말이 유행어가 되었다. 어제까지 적이었던 미군에게 배가 고픈 아이들이 「기브 미 초콜릿」이라고 외치며 천진하게 과자를 요구했던 것. 어른들은 어쩔 수 없다는 듯 그런 아이들을 보고 있었다고 한다. 2013년에 방송된 NHK 아침드라마 「잘 먹었습니다ごちそうさん」에도 미군에게 받은 초콜릿을 주인공이 먹지 않고 보관해두는 장면이 있다. 맛있는 초콜릿이지만 당시 일본인에게 있어서는 좀 복잡한 감정이었을 것이다

초콜릿에 담긴 마음

기타 커터 [Guitar cutter]

가나슈 등을 일정하게 자를 때 사용하는 커터. 프랄린 커터Praline cutter라고도 부른다. 스테인레스나 알루미늄 틀에 기타의 현처럼 와이어가 팽팽하게 달려 있다.

마치 기타의 몸통 같아~

여행지에서 찾아봅시다

일본의 지역 특산 초코

일본에는 특정 지역에서만 살 수 있는 지역 한정 초코가 있습니다.

각 지역마다 특색 있는 소재나 유명 생산품을 사용한 초콜릿, 명소를 참고로 만든 모양이나 특별한 패키지의 초콜릿 등 다소 희귀한 제품들이 다양하게 있습니다. 「킷캣」이나 「아폴로」, 「기노코노야마」, 「티롤 초코」, 「코아라노마치コアラのマーチ, 코알라의 행진」등 유명한 초콜릿에도 지역한정품이 구비되어 있습니다. 여기 실린 초콜릿은 그 중에서도 극히 일부로, 초콜릿에서도 지역색을 느낄 수 있습니다.

간사이関西 특산에는 말차가 많아요

선물로 주면 다들 좋아하겠다.

⑯ 간사이 한정
아폴로
녹차맛

⑰ 간사이 한정
코아라노마치

⑱ 교토 특산품
킷캣
이토큐에몬 우지 말차

⑲ 교토 특산품
기노코노야마
우지 말차

⑳ 니시니혼지구 한정
티롤초코
감주

㉑ 추코쿠·시코쿠 특산품
킷캣
감귤황금블렌드

㉒ 시코쿠 한정
티롤초코
감귤주스

㉓ 규슈 특산품
킷캣
아마오우이치고

㉔ 오키나와·규슈 특산품
킷캣
자색고구마

※ 일부 제품은 이미 판매가 종료되었습니다.
※ 지역 한정 초코는 제조사에 따라 특정 점포에서 판매되는 제품도 있습니다.

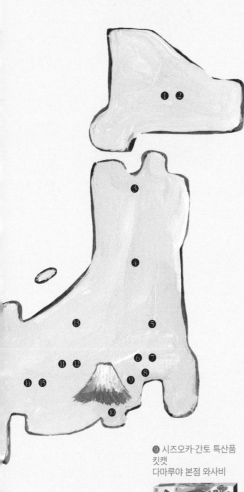

❶ 홋카이도 한정
아폴로
홋카이도 멜론 맛

❷ 홋카이도 한정
기노코노야마
화이트 프리미엄

❸ 미치노쿠 한정
아폴로
사과맛

❹ 도호쿠가타 한정
기노코노야마
찹쌀떡맛

❺ 도치기 특산품
킷캣
도치오토메(도치기 딸기)

❻ 도쿄 특산품
킷캣
럼레즌

❼ 도쿄 한정
코아라노마치

❽ 요코하마 특산품
킷캣
딸기치즈케이크 맛

❾ 시즈오카·간토 특산품
킷캣
다마루야 본점 와사비

❿ 후지산
아폴로
진한 딸기맛

⓫ 신슈 한정
아폴로
포도맛

⓬ 신슈 특산품
킷캣
신슈 사과

⓭ 도카이호쿠리쿠 특산품
킷캣
팥 샌드맛

⓮ 도카이 한정
기노코노야마
밤금단

⓯ 도카이 한정
코아라노마치

꽃

알프스를 넘기 위해서라도!

아즈텍에서는 초콜릿에 반려지과의 「귀의 꽃」이라 불리는 꽃 등 여러 꽃을 섞어서 마셨다고 한다. 게다가, 이탈리아로 건너온 초콜릿은 토스카나공 코지모 3세의 궁정에서는 자스민 꽃을 섞어 마셨다고도. 주식회사 메이지의 「100% Chocolate Cafe.」에는 자스민 맛 초콜릿도 있는데 실로 향이 진하고 화려한 맛. 그러나 일반 슈퍼에서는 거의 찾아볼 수 없다. 이 맛의 초콜릿이 거리마다 넘치지 않는 것이 신기할 정도.

Jasmin

나우아틀 어 [Nahuatl language]

아즈텍 제국의 공용어. 나우아틀 어에서는 초콜릿을 「카카우아틀」이라고 부르고 있었지만 스페인 침략 후에 편찬된 사전 안에는 「초콜라틀」이라는 단어로 바뀐 것을 알 수 있다.
→ 「카카우아틀과 초콜라틀」

나트륨 [Natrium]

체내의 수분을 적절한 상태로 조정하거나 신경이나 근육을 정상적으로 움직이기 위해 작용하는 미네랄. 카카오 빈 100g에는 나트륨이 2.6mg% 함유되어 있다.[※2]

나폴레옹 보나파르트

[Napoléon Bonaparte]

1769-1821년. 프랑스의 군인, 정치가, 프랑스 제1 제정의 황제. 나폴레옹은 초콜릿을 매우 좋아하여 「초콜릿이 있으면 다른 식료품을 거절할 수 있다」고 말했다고 한다. 알프스를 넘어 행군할 때에도 초콜릿을 군대의 휴대식량으로 이용했다고.

나폴리탄의 수수께끼

프랑스 카페나 이탈리아의 바에서 커피를 주문하면 한 입 크기의 사각형 초콜릿이 함께 나온다. 이것을 나폴리탄이라고 부르는 경우가 있다. 왜 나폴리탄이라고 부르는지 여러 설이 있지만 유력한 설은 "복제 상품에서 일반화" 설. 1926년 프랑스 초콜릿 메이커 베이스가 한입 사이즈로 포장한 초콜릿을 「LES NAPOLITAINS WEISS」라고 이름을 붙여 발매. 이것이 호평을 얻으면서 결국 메이커에 상관없이 한 입 크기의 초콜릿을 가리키는 일반용어가 되었다는 설이다. 참고로 나폴리 산의 헤이즐넛을 사용한 초콜릿이나 과자에 나폴리탄이라는 이름을 붙인 상품도 있다. 결국 이 수수께끼는 지금도 해명되지 않은 듯 하다.

한입 크기

냄새 효과

초콜릿에 함유된 테오브 로민의 효과로 집중력, 주의력, 기억력을 높여 준다고 한다. 또한 이 냄 새에는 정신을 이완시켜주는 효과도 있다고 한다. →「테오브로민」

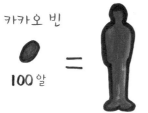

달콤한 향기~

네슬레 [Nestlé]

앙리 네슬레가 1866년에 창업한 네슬레 사는 분유 제조부터 시작했다. 세계 최대급의 식품회사가 된 현재는「킷캣」등 인기 초콜릿을 제조하고 있다. →「앙리 네슬레」,「킷캣」

노예 [奴隷]

마야, 아즈텍에서는 카카오 빈이 화폐로서 사용될 정도로 귀했다. 일본 에이지 출판英治出版에서 간 행된『초콜릿의 진실チョコレートの真実』에 따르면, 마야에서는 노예의 가격이 한 사람당 100알, 칠면 조는 200알, 인부의 일당은 하루 100알이었다고 한다. 노예의 가격이 100알로 칠면조의 반값, 인 부의 일당과 같았다는 점이 놀랍다. 노예와 카카 오의 관계는 아즈텍 제국의 멸망과 함께 끝났다고 말할 수 없다. 그 후, 유럽, 서 아프리카, 북미와 서인도제국을 정점으로 한 대서양 삼각무역에서 는 카카오나 사탕수수의 플랜테이션을 운영할 노 동력을 위해 아프리카에서 많은 수의 흑인 노예가 거래되었기 때문이다. →「대서양 삼각무역」

카카오 빈

노이하우스 [Neuhaus]

1857년 벨기에 브뤼셀에서 약과 과자를 취급하는 가게로 시작하여 1895년에는 초콜릿 전문점이 되 었다. 3대 회장인 장 노이하우스가 견과류에 물엿 을 묻혀서 페이스트 상태로 만든 것을 초콜릿으로 감싼 프랄린을 탄생시켰다. 이 프랄린은 벨기에 초콜릿의 원점이라고 말할 수 있는 것으로 많은 초콜릿 전문점에 영향을 끼쳤다고 한다. →「장 노이하우스」,「발로탱」

녹이는 방법

템퍼링을 시행할 때 먼저 초콜릿을 완전히 녹이는 작업을 한다. 초콜릿을 볼에 넣고 전자렌지에 돌 리거나 중탕으로 녹이는 것이 가장 간단. 다만, 중 탕의 경우 물방울이 초콜릿에 들어가지 않도록 주 의해야 한다. 초콜릿 전문점 등에서는 초콜릿 멜 터 등을 사용하는 경우도 있다. →「초콜릿 멜터」

템퍼링에는 여러 가지 방법이 있지!

100 알

뇌 [腦, Brain]

초콜릿의 냄새 성분 테오브로민은 인간의 뇌에 작 용하여 집중력, 주의력, 기억력 등을 높이는 효과 가 있다고 한다. ※10

누가와 누가틴 [Nougat & Nougatine]

누가란 알사탕이나 설탕, 꿀, 땅콩을 주체로 한 과자의 하나. 머랭을 베이스로 졸인 시럽과 벌꿀을 더해 만드는 하얀 타입과, 캐러멜 상태로 졸인 갈색 타입이 있다. 생지에 초콜릿을 섞어 반죽한 초콜릿 누가도 있다. 「누가틴」이라고 불리는 것은 알사탕이나 설탕을 캐러멜 상태로 졸여 아몬드 등을 더해서 얇게 편 것을 말한다.

니가이노 니가이노 톤데이케
[にがいのにがいのとんでいけ]

모리나가제과에서 쓴 맛이나 강한 냄새를 느끼기 어렵게 만드는 「마스킹」기술을 활용하여 사이타마 치과대학과 공동 개발한 내복약용 튜브 초콜릿. 아이들이 쓴맛이 나는 약을 먹을 때 괴로운 기분을 즐거운 기분으로 바꿔주도록 제품화. 「니가이노 니가이노 톤데이케~쓴맛 쓴맛 사라져라~」라고 하며 가루약을 넣어 잘 섞어주면 「어머, 맛있어! 쓰지 않잖아?!」설탕을 사용하지 않고 냉장 보관도 불필요하다. 이걸로 엄마 아빠 모두 한 시름 놓았다고 할까?

누텔라 [Nutella]

헤이즐넛 페이스트에 설탕, 코코아, 탈지분유, 향료 등을 섞은 초콜릿 스프레드로, 바게트나 토스트, 머핀에 발라 먹는다. 「누텔라」를 바르면 그냥 빵도 맛있는 디저트로 순식간에 변신! 「누텔라」라는 이름은 페레로사의 등록 상표입니다.
→「페레로」

닙 과자

카카오 닙은 카카오 빈을 분쇄하고 껍질을 제거한 뒤 로스팅한 배유 부분. 보통 이것을 으깨어 카카오 매스로 만들고 초콜릿을 만든다. 그런데 닙 자체도 땅콩 같은 식감으로 먹을 수 있다. 카카오 빈 본래의 맛을 알고 싶다는 콘셉트의 가게 xocol에서는 이 닙을 사용한 과자를 만들고 있는데, 일본어로 원석原石이라는 의미의 「GENSEKI」라고 명명한 닙 과자는 설탕으로 감싸거나 소금을 가미한 것 등이 있다. 아삭아삭한 식감이어서 술안주로도 어울리는 맛이다.
→「카카오 닙」「칼럼: 카카오를 맛볼 수 있는 가게 xocol」

아주 작은 빈투바

카카오를 맛볼 수 있는 가게
「쇼콜xocol」

이곳은 "초콜릿 숍"이라기보다 "카카오 숍"이라고
불러야 더 어울릴지 모릅니다. 돌절구를 사용하여
콩을 갈고, 향료나 레시틴, 유분의 추가와 콘칭은
절대 하지 않는 제조법으로 카카오 본래의 소박한
풍미를 추구하는 가게이지요.

빈투바 초콜릿은 판 형태가 일반적이지만 쇼콜에
서는 동전형태가 메인. 두께가 있는 판 형태의 경
우 쇼콜 초콜릿의 특징인 카카오 본래의 맛이나
설탕 가루의 거칠거칠한 식감 탓에 입에 넣었을
때 존재감이 거슬리기 때문이라고 합니다. 그래서
시행착오 끝에 홈이 파인 얇은 동전 모양 초콜릿
에 이르게 된 것입니다. 얇은 동전 모양 초콜릿은
혀 위에 올렸을 때 거칠한 느낌을 그대로 지닌 채

홈이 파인 얇~은
동전 모양

xocol의 동전모양 초콜릿

강한 풍미를 풍기기 시작합니다. 이런 느낌은 다
른 초콜릿과 비교하기 조금 어려운 맛입니다.

「GENSEKI」는 카카오 닙 과자.
작은 캔이나 유리병에 들어있
다. 설탕으로 코팅된 모습이 진
짜 돌처럼 보인다.

위 _ 목제 기계를 손으로 돌려 카카오 허스크(카카오 빈의 껍질)를 벗겨낸다. 이 기계는 사실 농가에 양해를 구하고 받아온 탈곡기.

오른쪽 _ 쇼콜의 초콜릿 제조공정을 그린 일러스트. 카카오 빈→ 로스팅→ 파쇄→카카오 허스크 제거→마쇄→초콜릿 이라는 단순한 공정이 귀엽게 그려져 있다. 난쟁이가 초콜릿을 만들고 있는 이미지다.

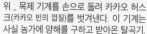

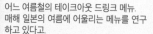

어느 여름철의 테이크아웃 드링크 메뉴. 매해 일본의 여름에 어울리는 메뉴를 연구하고 있다고.

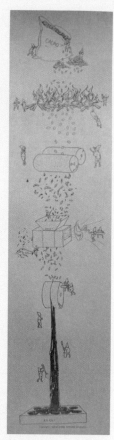

© xocol STONE GROUND
XOCOLATE

그 외에도 초콜릿이 되기 전의 카카오 닙을 그대로 사용한 과자나 카카오 닙이 토핑된 빙수 등 독특한 제품을 구비하고 있는 것이 특징이기도 합니다. 초콜릿이 카카오에서 만들어진다는 점은 알고 있었지만 카카오 자체의 맛은 잘 의식하지 못했는데 쇼콜의 과자나 초콜릿을 먹으면 재료인 카카오에도 흥미가 부풀어 오르게 되니 참 신기합니다.
→「빈투바」
→「닙 과자」
→「빙수」

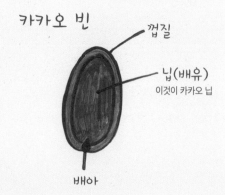

다 · 라

다니엘 페터 [Daniel Peter]

1836-1919년. 프랑스 출신으로 스위스에서 가업인 양초 제조를 하면서 초콜릿 제조방법을 연구하며 매일 시행착오를 겪었다. 가루우유를 발명한 앙리 네슬레와 친구사이로, 네슬레의 도움도 받은 끝에 1875년 밀크초콜릿이 탄생했다. 스위스에서 처음으로 초콜릿 공장을 세운 프랑수아 루이 카이에의 사위이기도 하다.[※1]

→「앙리 네슬레」,「4대 발명」,「프랑수아 루이 카이에」,「밀크초콜릿」

다이어트 [Diet]

초콜릿에 함유된 테오브로민이나 카카오폴리페놀, 식이섬유등 성분의 작용을 이용하여 살을 빼는 다이어트 방법이 있다. 카카오 성분이 70%이상 들어있는 초콜릿이 포인트라고.[※9]

→「살이 찌다」

SLIM?

다이토 카카오 [大東カカオ]

1924년 창업한 유서 깊은 일본의 초콜릿 원료 전문 메이커. 카카오 빈부터 가공하여 카카오 매스나 카카오 버터, 카카오파우더, 커버추어 초콜릿 등 다양한 초콜릿을 제조한다.

다쿠앙 초코

[だくあんチョコ]

일본식 차에도 어울리죠 아삭 아삭

야마가타山形 현의 절임반찬과 향토요리를 파는 노포「미츠오쿠야三奥屋」에는「다쿠앙 초코 "유메夢"」라 불리는 상품이 있다. '아니, 그 노란 단무지와 초콜릿이라니?' 라고 놀라겠지만 사실은 일반적인 노란 단무지에 초콜릿을 씌운 것이 아니라 "설탕에 절인 무"에 초콜릿을 씌운 것. 외관도 시크하고 고상하다. 오랑제트의 단무지 버전이라고 할까?

대서양 삼각무역

[Atlantic triangular slave trade]

유럽, 서아프리카, 북미 및 서인도제도를 정점으로 하는 삼각무역을 의미. 신대륙 발견으로 인해 유럽 여러 나라는 메소아메리카나 남미에서 사탕수수 재배를 시작하고 설탕을 생산하여 수입했다. 설탕 수요가 늘면서 유럽 각국은 카리브 해 제도를 식민지로 만들어 사탕수수나 카카오 플랜테이션을 시행하게 되었으며, 노동력이 필요하자 아프리카에서 노예를 데리고 오게 되었다. 신대륙에서 설탕이나 카카오를 실은 배가 유럽으로, 그리고 그 배에 유럽제 무기나 섬유 등 공업제품을 싣고 아프리카로, 다시 그 제품을 흑인노예와 교환하여 배에 싣고 신대륙으로 향하는 구도의 대서양 삼각무역이 성립되게 되었다.

→「노예」,「메소아메리카」

사탕수수, 카카오 etc…

무기, 섬유 etc…

노예

대용 유지

카카오 버터 대신에 사용하는 유지로, 하드버터라고도 불린다. 성분은 메이커나 상품에 따라 달라지는데, 팜유, 대두유, 야자유 등을 섞은 것이 많았다고 한다.

대용 초콜릿

1937년 일본에서는 전쟁의 확대와 함께 카카오 빈 등의 수입 제한령이 발령되어 1940년 이후에는 군수용 이외의 초콜릿 생산이 금지되었고 국내 자원을 사용한 대용 초콜릿이 고안되었다. 대량 생산까지 하지는 못했지만, 튤립이나 백합의 구근, 결명자, 땅콩 지게미에 식물성 유지나 바닐라를 더해서 만들었다. 전쟁이 끝난 후 외국제 초콜릿이 들어왔으나 아직 가격이 비쌌기 때문에, 카카오 빈 수입이 여전히 막혀있는 상태였던 일본의 초콜릿 업계에서는 포도당을 주원료로 한 통칭 「글루초코」를 만들어냈다.
→「글루초코」

튤립 구근
백합 구근
결명자
땅콩

더칭 [Dutching]

카카오파우더에 알칼리를 더해 산성이 강한 카카오를 중성에 가깝게 만드는 것. 알칼리 처리라고도 부른다. 이 과정을 거치면 산미가 적고 맛이 순해서 마시기 좋은 코코아가 된다.
→「알칼리 처리」, 「판 하우턴」

더칭으로 식감이 부드럽게~

데구스타시옹 [Dégustation]

프랑스어로 테이스팅을 의미한다.
→「칼럼: 초콜릿의 테이스팅을 아시나요?」

데멜 [DEMEL]

오스트리아 빈에서 1786년 창업한 오랜 전통의 양과자점. 오스트리아 황제로 오랜 기간 유럽을 통치한 합스부르크 왕가 사람들에게도 사랑받았고 지금도 합스부르크 왕가의 문장을 브랜드 마크로 쓰고 있다. 데멜이라면 자허토르테가 유명한데 먹은 후에도 보관해두고 싶은 귀여운 상자의 초콜릿으로도 잘 알려져 있다.

자허토르테로 유명하지!!

데즈카 오사무 [手塚治虫]

1928-1989년. 만화가 데즈카 오사무의 초콜릿 애호는 유명해서 기일인 2월 9일에는 묘비 앞에 판 초콜릿을 공양하는 팬이 있을 정도. 「초콜릿이 없으면 만화 못 그립니다!」라고 말해서 편집자가 한밤중에 초콜릿을 사러 나갔다는 일화가 있을 정도다. 『블랙잭』이나 『루드비히 B.』등 작품 중에 초콜릿이 등장하기도! 사후 몇 년 뒤에 장녀인 루미코가 그의 서랍을 열어보니 먹다 남은 메이지의 밀크초콜릿이 나왔다고 전해진다. ※8

초콜릿이 없으면 만화를 그릴 수 없다우~!

데코레이션 펜 [Decoration pen]

그림이나 문자를 그릴 때 사용하는 펜 타입의 초콜릿. 산뜻한 색이나 파스텔 색채 등 컬러 베리에이션이 풍부. 식물성 유지가 바탕이며 초콜릿과 같은 성분으로 이루어져 있다. 40~50℃의 따뜻한 물로 부드럽게 녹인 다음 사용한다.

도모리 [Domori]

1994년에 탄생한 초콜릿 메이커. 창업자 지안루카 프랑조니Gianluca Franzoni는 베네수엘라에서 카카오의 매력을 깨닫고 연구를 시작했다. 아마존 원시림을 비롯하여 세계를 떠돌며 최고품질의 카카오를 발견하여 그 카카오를 자사 농원 등에서 재배, 나무에서 초콜릿 완성까지 모든 공정에 관여하고 있다. 원래 그는 마크 도모리라는 필명으로 소설을 집필했다는 점에서 이 이름을 지었다고 한다. 도모리 초콜릿은 특정산지나 단일품종으로 만들어진 제품이 많으며, 카카오 빈 그 자체의 개성을 맛볼 수 있는 것이 특징이다.

100% 크리올로 종 초콜릿도!

도미니코회 [Dominican Order]

가톨릭 수도회. 정식 명칭은 설교자 형제수도회 Ordo Fratrum Praedicatorum라고 한다. 해외 포교활동에 적극적으로, 1544년 마야족 대표단을 동반하여 스페인으로 귀국할 때 초콜릿을 왕에게 헌상했다고 전해진다.

독살 [毒殺]

클레멘스 14세(1705-1774년)는 유럽 강대국의 압력으로 1773년에 예수회 해산을 명령한 교황으로 알려져 있으나 이듬해 사망했다. 몸이 서서히 약해지며 시식 시중을 드는 하인과 비슷한 증상으로 사망했기 때문에 두 사람의 죽음은 매일 마시던 초콜릿에 독이 들어가 있었던 것은 아니냐는 소문이 있었다. 교황의 진짜 사인은 차치하더라도 강한 풍미가 독의 맛을 숨기는 데 좋은 조건이기 때문에 초콜릿은 종종 독살에 사용된다고 한다. ※1

달콤한 맛과 풍미 뒤에 독을 숨겼지

돌절구

아즈텍 시대부터 카카오 빈을 가는 데 돌절구가 사용되었다. 초콜릿이 유럽으로 전파된 뒤에도 산업혁명 이전까지는 사람이나 물레방아, 말 등의 동력을 이용하여 돌절구로 카카오 빈을 갈았다고 한다. 형태는 이용하는 동력에 따라 다양. 현대에 들어서도 오래된 제조법을 고수하며 돌절구를 쓰는 쇼콜라티에도 있다. 돌절구에는 테이블 형이나 원반형 등 여러 가지 형태가 있다.

돌절구의 형태는 각양각색

동맥경화 [動脈硬化]

혈관 벽에 콜레스테롤이 쌓이면 일어나기 쉬운 동맥경화. 초콜릿에 함유된 성분인 폴리페놀에는 동맥경화를 예방하는 효과가 있다고 한다.
→「폴리페놀」

두 도시 이야기 [A Tale of Two Cities]

디킨즈는 저서 『두 도시 이야기』에서 도시 귀족 몽세뇨르가 초콜릿을 마시기 위해서는 힘있는 하인네 명이 필요하다고 얘기하는 장면이 나온다. 한명은 초콜릿을 따를 기구를 가지고 오고, 한 명은 초콜릿을 섞으며, 세 번째는 냅킨을 내밀 사람, 네번째는 초콜릿을 따를 사람이라는 것. 실은 이거전부 한 사람이 할 수 있는 일 아니냐고 핀잔을 주고 싶어지는 이유는 우리가 서민이기 때문일까.
(「두 도시 이야기」 상권 7장에서)

기구 가져오기 담당   섞기 담당

냅킨 담당   따르기 담당

드라제 [Dragée]

아몬드에 설탕 시럽을 단단히 코팅하여 갈아낸 것으로 흰색이나 분홍색, 파란색 등이 있다. 유럽에서는 결혼, 탄생, 세례 등을 축하할 때 선물한다. 컬러풀한 드라제나 아몬드에 초콜릿을 발라 당의를 입힌 초콜릿 드라제도 있다.

ㄷ

여기가 초콜릿

드로스테 [Droste]

1863년에 설립된 초콜릿 제조사로, 초콜릿 제조의 창시자격인 존재라고 네덜란드가 자랑하는 회사이다. 고품질이라는 점은 당연하고, 육각형의 통에 들어간 파스퇴르 롤 시리즈나, 네덜란드다운 튤립을 본딴 초콜릿 등, 보기에도 귀여운 것이 인기다. 패키지에는 네덜란드 왕실에서 수여받은 「로열」의 증표인 왕관이 새겨져 있다.
→「드로스테 효과」

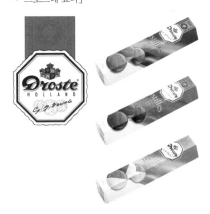

드로스테 효과 [Droste effect]

어떤 그림 안에 그것과 같은 그림이 있고, 또 그 안에 작은 동일한 그림이 있는 것이 영원히 이어지는 것처럼 보이는 시각효과를 의미. 1904년에 발매된 네덜란드의 「드로스테 코코아」 패키지에서 유래했다. 「드로스테 코코아」 패키지에는 수녀가 손에 든 쟁반 위에 「드로스테 코코아」 상자와 컵이 실려 있는데, 그 상자 안에 코코아 상자와 컵을 지닌 수녀가 그려져 있어서…그것이 계속 반복된다. 마치 빨려 들어갈 것만 같은 시각효과가 있으며 마주본 거울로도 같은 효과를 낼 수 있다.

사진 제공 : 다카라 상사 주식회사
宝商事株式会社

디지털 온도계

순간적으로 정확한 온도를 측정하는 온도계. 템퍼링 할 때 필수품이다.
→「템퍼링」

뜨거운 물인가, 찬 물인가?

스페인인이 아즈텍 사람으로부터 초콜릿 음료를 전달받았을 때, 그것은 찬 물로 녹인 차가운 음료였다. 그러나 아즈텍보다 앞선 시대에 번성했던 마야 문명에서는 아마도 뜨거운 물로 녹인 듯하다. 「초콜릿True History of Chocolate」(소피 도브잔스키 코/마이클 도브잔스키 코 저, 지호)에 의하면, 「초콜릿이라고 불린 음료」를 초기 마야어로 「차카우 하」라고 불렀는데 「뜨거운 물」이라는 의미라고 한다. 따라서 마야에서는 뜨거운 음료로 마신 것으로 보인다.

등산의 동반자

초콜릿은 장기 보존이 가능하고 바로 먹을 수 있으며 당분과 열량을 보급해준다는 점에서 등산할 때의 행동식, 비상식으로 빠질 수 없는 존재다. 일본어로 「샤리바테舎利ばて」라는 말이 있는데, 이것은 등산 중에 자각하지 못하는 동안 에너지 소진을 일으켜 알아차렸을 때는 이미 먹는 게 불가능할 정도로 지쳐버리는 상태를 말한다. 이러한 현상을 예방하기 위해서라도 등산 중에는 초콜릿 등으로 조금씩 칼로리를 보충하는 것이 좋다.

산에 오를 땐 언제나~!

러브메시지 단가 [ラブメッセージ短歌]

「모리나가 밀크초콜릿」 발매 80주년을 기념하여 1998년에 시행된 캠페인. 당시 화제였던 단가집 「초콜릿 혁명」의 작가 다와라 마치가 심사위원이 되어 일반인들을 대상으로 러브메시지 단가를 모집. 선발된 우수상 단가는 라벨의 뒤에 인쇄되어 나중에 「나의 초콜릿 혁명·러브메시지 단가」라는 한 권의 책이 되었다.
→「칼럼: 문학 속의 초콜릿」

레이먼드 로위 [Raymond Loewy]

1893-1986년. 1962년에 후지야의 「루크 초콜릿」의 로고와 패키지를 디자인했다. 프랑스 출신으로 20세기를 대표하는 산업디자이너로, 「립스틱부터 기관차까지」라고 일컬어질 정도로 폭넓은 분야에서 활약했다. 석유회사인 「쉘」의 로고나, 담배인 「피스」의 패키지 디자인도 그의 작업이었다. 현재 「루크 초콜릿」도 로위가 디자인한 요소를 활용하고 있다고 한다. 사진은 1962년 당시의 패키지.
→「루크 초콜릿」

렙틴 [Leptin]

지방세포에서 분비되는 호르몬의 일종으로 식욕을 억제하거나 에너지 대사를 활성화시킨다. 초콜릿을 먹으면 폴리페놀의 작용으로 렙틴이 증가하여 과식을 방지하는 효과가 있다고 알려져 있다.

콘칭제법을 발명했지요~

로 초콜릿 [Raw chocolate]

로스팅한 카카오가 아니라 48℃ 이하에서 저온 처리한 로 카카오 파우더와 카카오 버터를 사용한 초콜릿. 식재료가 지닌 영양소를 되도록 자연 그대로 생으로 먹으려는 로 푸드의 고안법에 기초하여 만들어진다. 로 초콜릿의 맛은 세련하다기 보다 야성미가 강한 편이라고 한다. 로 푸드 전문점이나 오가닉 전문점에서 취급한다.

로고 마크

옛날부터 있는 초콜릿도 패키지나 로고마크가 조금씩 변화해간 것을 아시는지. 예컨대 「메이지 밀크초콜릿」의 포장지는 현재가 여섯 번째. 2009년에 「메이지제과」와 「메이지유업」이 경영통합한 것을 계기로 새로운 로고가 되었다. 이 「meiji」의 로고 중 「e」는 웃는 얼굴의 옆모습, 「iji」는 사람들이 나란히 서로 지탱해주는 모습을 표현하고 있다고 한다.

meiji

로돌프 린트 [Rodolphe Lindt]

1855-1909년. 스위스 베른 출신의 초콜릿 장인. 1879년 약 24세 때 초콜릿을 반죽해서 부드럽게 입에서 녹고 향을 끌어내는 제조법, 콘칭을 발명했다. 린트는 이 제법을 「끈적한 초콜릿」을 의미하는 「쇼콜라 퐁당」이라고 불렀다.
→「4대발명」, 「콘칭」, 「린트」

로쉐 [Rocher]

아몬드 등으로 주변을 바위처럼 울퉁불퉁하게 연출한 한입 크기의 초콜릿. 「로쉐」란 프랑스어로 바위를 의미한다. 1982년에 이탈리아의 페레로가 만든 「페레로로쉐」는 매우 유명한 초콜릿 과자다.
→「페레로」

울퉁불퉁

로스팅

초콜릿 제조공정의 하나로 카카오 빈을 로스트(로스팅)하여 초콜릿 특유의 향과 색을 끌어낸다. 로스팅하는 온도와 시간은 메이커, 쇼콜라티에에 따라 다르다. 대부분의 경우는 전용 기계로 로스팅하지만 오븐이나 프라이팬의 직화에서 로스팅하는 쇼콜라티에도 있다. 카카오 빈 그대로 로스트하는 것이 일반적이지만, 카카오 빈의 껍질인 카카오 허스크를 제거한 뒤에 로스트하는 「닙 로스트법」이나, 더욱 카카오 닙을 마쇄하여 액체로 만든 카카오 리커 상태로 로스트하는 「리커 로스트법」도 있다.

로이즈 [ロイズ]

일본 홋카이도의 초콜릿 메이커. 자연이 풍부한 홋카이도 도베쓰초에서 세계에서 엄선한 소재를 사용하여 오리지널리티가 넘치는 초콜릿을 계속해서 만들고 있다. 홋카이도의 신 치토세 공항에는 초콜릿 공장이나 박물관 등이 병설된 「로이즈 초콜릿 월드」가 있다.
→「포테이토칩 초콜릿」, 「로이즈 초콜릿 월드」

로이즈 초콜릿 월드

로이즈가 홋카이도의 입구인 신 치토세 공항에 있는 초콜릿의 원더랜드. 일본 국내공항 최초의 초콜릿 공장이나 역사, 제조공정을 배울 수 있는 박물관, 그리고 오리지널 초콜릿이 진열된 매장이나 막 구운 빵을 즐길 수 있는 베이커리 등 어른도 아이도 즐길 수 있는 시설이다.
→「로이즈」, 「박물관」

롯데 [Lotte]

1948년 창업한 제과 메이커. 추잉 검이 주력 제품. 1964년에 「가나 밀크초콜릿」을 발매. 튀긴 곡물의 식감을 즐길 수 있는 「크런키」나 「코알라의 행진」등, 인기상품을 만들고 있다.
→「가나 초콜릿」, 「초코밥」

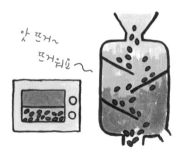

앗 뜨거~
뜨거워요~

LOTTE

롯카테이 [六花亭]

1933년 창업한 홋카이도의 제과 메이커. 1968년에 일본에서 최초로 화이트 초콜릿을 제조했다. 사카모토 나오유키坂本直行가 그린 꽃무늬 포장지로 유명하다.
→「화이트 초콜릿」,「칼럼: 500엔의 초콜릿이 이어준 인연」

리

루이 14세 [Louis XIV]

1638-1715년. 프랑스 국왕으로 태양왕Le Roi Soleil이라 불리며 베르사이유 궁전을 만든 인물. 스페인왕 필리페 4세의 딸 마리 테레즈와 결혼하면서 궁정에 초콜릿 붐이 일었다고. 딱히 루이 14세 본인이 초콜릿을 좋아했던 것은 아니라고 한다.

태양왕이라 불렸지.

루크 초콜릿 [ルックチョコレート]

1962년에 발매된 후지야의 초콜릿. 패키지 디자인은 20세기를 대표하는 산업 디자이너 레이먼드 로위가 솜씨를 발휘했다. 현재의 패키지는 로위의 디자인을 바탕으로 일본에서 제작한 것. 발매된 당시에는 태블릿 형태로 연결되어 있었으나 둥글둥글한 조각형태로 바뀌었고 지금은 뿔모양 조각 초콜릿. 안에 든 크림은 잼이었던 때도 있으나 현재는 휘핑크림이다.
→「후지야」,「레이몬드 로위」

리큐르 [liqueur]

증류주에 과일이나 허브 등을 첨가하여 향을 넣고 설탕이나 시럽을 섞은 혼합주. 봉봉 쇼콜라를 만들 때 풍미를 더하기 위해 사용된다. 초콜릿과 궁합이 잘 맞는 리큐르를 소개한다.

Cointreau

[코앙트로]
오렌지 리큐르

Kirsch

[키르시]
체리주

Grand Marnier

[그랜드 마르니에]
오렌지 술

Coconut

[코코넛 리큐르]
코코넛 술

Paglaco

[파글라코]
귤로 만든 술

Framboise

[프랑부아즈]
나무딸기 리큐르

Rum

[럼주]
사탕수수 술

리터 스포츠 초콜릿 [Ritter SPORT]

1912년에 창업한 독일 알프레드 리터 사의 정사각형 태블릿 초콜릿. 어떤 스포츠 재킷에도 딱 맞게 들어가고 잘 부서지지 않는 초콜릿을 만들고자 하는 창업자의 아내 클라라의 아이디어에서 힌트를 얻어 1932년에 탄생했다. 속이 듬뿍 들어있는 초콜릿은 포만감 만점.

정사각형~!

린도르 [Lindor]

역사와 전통의 스위스 메이커, 린트를 대표하는 초콜릿으로 초콜릿 셸 안에 끈적하고 부드러운 필링이 채워져있다. 1949년 발매 당시는 태블릿 형태였으나 1967년에 크리스카스 트리를 장식하는 오너먼트를 본딴 볼 형태의 린도르가 한정 판매되어 호평을 받으면서 1969년부터는 정식 제품화되었다. 지금은 캔디처럼 포장된 모습이 트레이드마크다.
→「린트」

린트 [Lindt]

1845년 스위스 취리히에서 다피트 스프링글리가 창업한 콩피즈리에서 시작된 초콜릿 브랜드. 로돌프 린트가 발명한 부드럽게 녹는 식감의 초콜릿을 만드는 콘칭 기술을 발전시켜, 초콜릿 제조의 근대화에 크게 공헌했다. 쉽게 접할 수 있고 질도 좋은 린트의 초콜릿은 현재도 전 세계에서 사랑받고 있다.
→「스프링글리 가문」,「로돌프 린트」,「콘칭」

립스틱 [Lip stick]

카카오 버터는 산화가 잘되지 않는 안정된 지질인 데다가 융점이 체온보다 조금 낮아서 상온에서는 고체, 피부에 닿으면 녹으면서 잘 펴지는 성질이 있다. 그래서 립스틱이나 립크림의 재료로 사용된다. 참고로 프랑스에서는 립스틱과 쏙 빼닮은 초콜릿도 있다고 한다.
→「카카오 버터」

알아두면 전문가가 된 기분?

전문가처럼 보이도록 하는 약어를 알려드립니다.

어떤 업계라도 내부에서만 통하는 전문 용어나 기호(은어)가 있습니다.
초콜릿 메이커에도 재미있는 약어가 여러 가지 있지요.
외부인가 알아둔다고 해서 딱히 도움이 되지는 않겠지만 알고 있으면 왠지 전문가가 된 기분을 느낄 수 있을 지도?

【미르치ミルチ】

「메이지 밀크초콜릿」의 애칭. 주식회사 메이지 사내에서 언젠가부터 이렇게 부르게 되었다고 합니다. 지금은 공식사이트에서도 소개하고 있는 이름이지만, 이전엔 미르치라는 말을 듣고도 멍하게 있는 신입사원이 많았다고.

【기노타케きのたけ】

주식회사 메이지 사내에서는 「기노코노야마」와 「다케노코노사토」를 세트로 「기노타케」라고 부르는 경우도 있다고 합니다(사내에서는 이 두 가지가 세트로 불리는 양상).
→「기노코노야마」

Kino Take

【구로초코クロチョコ】

티롤초코 주식회사에서는 카카오 매스가 들어간 초콜릿을 「구로초코」라고 불러 화이트초콜릿이나 컬러초콜릿과 구별합니다.

【매스マス】

모리나가제과 주식회사 공장에서는 카카오 매스를 「매스」라고 줄여 부릅니다. 「카카오 매스 성분 ○%」라고 말해야 할 때, 「매스분 ○%」라고 줄여서 말합니다. 왠지 프로라는 느낌?!

【Po, G카프Gカプ, A피크Aピーク】

에자키 글리코 주식회사에서는 포키를 「Po」, 자이언트 카프리코를 「G카프」, 아몬드피크를 「A피크」로 표현한다고 합니다.

프로 같아 보이는 말을 쓰는 분들의 모습을 상상해 보았습니다.

최근 기노타케는 좀 어때?

판매 호조죠.

마·바

마그네슘 [Magnesium]

칼슘과 함께 뼈의 형성에 필요한 미네랄. 카카오
빈 100g에는 마그네슘이 356.0,g%가 함유되어 있
다. [2]

사식으로 초콜릿을
좀 넣어주오

마르셀 뒤샹 [Marcel Duchamp]

다다이즘을 대표하는 예술가, 마르셀 뒤샹은 초콜
릿 그라인더를 작품의 모티브로 반복해서 등장시
키고 있다. 1913년작인 「초콜릿 그라인더」는 아마
도 초콜릿 숍의 쇼윈도에서 발견한 기계를 그대로
캔버스에 묘사한 것. 그리고 1915년부터 1923년
까지 제작된 뒤샹의 대표작 중 하나로, 흔히 「큰
유리창Le Grand Verre」이라 불리는 「심지어, 그녀의
독신자들에 의해 발가벗겨진 신부La mariée mise à
nu par ses célibataires, même」. 몇 개의 부분으로 구
성된 대작에 대해 뒤샹은 「롤러의 초콜릿은 어디
에서 왔는지 완전히 잊었지만 분쇄된 후 스스로
밀크초콜릿이 된다…」고 메모를 남겼다.

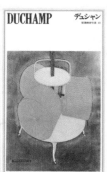

아침 식사로
초콜릿을

「뒤샹」(신초미술문고
49) (마르셀 뒤샹 저
일본아트센터 엮음)에
서는 표지로 쓰이기도
했다.

마르키 드 사드 [Marquis de Sade]

1740-1814년. 사디스트라는 말의 유래가 된 프랑
스 귀족이자 소설가. 철저히 육체적 쾌락을 추구
했던 그가 좋아한 음식이 바로 초콜릿이었다. 학
대나 방탕 때문에 형무소나 정신병원에 자주 들어
가야했던 사드 후작은 때때로 초콜릿을 사식으로
넣어줄 것을 아내에게 요구했다고. 그것도 꽤 많
은 양과 종류를 말이다. 초콜릿은 참기 어려운 정
열을 불러일으키는 음식이었던 것 같다. [4]

마리 앙투아네트 [Marie Antoinette]

1755-1793년. 프랑스 국왕 루이 16세의 왕비. 호
화로운 생활을 매우 좋아하여 국민이 가난하여 잘
먹지 못한다는 이야기를 듣자 「빵이 없으면 케이
크를 먹으면 되잖아?」라고 말했다는 이야기는 너
무나 유명하지만 실제로 왕비는 의외로 소박해서
아침으로는 커피나 초
콜릿만 먹었다고
도. 또한 쓴 맛 때
문에 먹기 힘들어
약을 엎지른 왕비
를 위해 루이16세
의 왕실 약제사이
기도 했던 초콜릿 장
인이 초콜릿으로 약을
감싸 약을 먹기 쉽게 만들
어주었다고 하는 에피소
드도 전해진다.

마리 테레즈 도트리슈
[Marie Thérèse d'Autriche]

———

1638-1683년. 스페인왕 펠리페 4세의 딸로, 프랑스의 루이14세의 왕비가 되었다. 스페인 태생인 이 왕비와 그녀의 시녀들이 초콜릿을 일상적으로 마시고 있었기에 프랑스 궁정에도 초콜릿이 널리 퍼졌다고 한다.
→「루이 14세」

마블 [Marble]

———

제과작업에 알맞은 작업대. 대리석으로 되어 있어서 온도가 잘 변하지 않고 초콜릿 작업을 하기 쉽다.

대리석

마블 초콜릿 [マーブルチョコレート]

1961년 일곱가지 색으로 구성된 초콜릿으로 메이지에서 출시. 초기 TV 광고에는 우에하라 유카리上原ゆかり가 연기한, 동그란 올림머리가 귀여운「마블짱」이라는 캐릭터를 내세워 주목받기도 했다. 출시 초기의 스티커 경품은「철완 아톰」시리즈. 사진은 출시 당시의 포장이다.

컬러풀한 초콜릿

마스트 브라더스 [MAST BROTHERS]

———

2007년 창업한 뉴욕 브루클린에 있는 빈투바 초콜릿 가게. 보존료나 버터, 기름 등은 사용하지 않으며 기본적으로는 사탕수수에서 처음 만들어져 정제되지 않은 설탕인 감자당甘蔗糖, Cane sugar과 카카오를 사용한 오가닉 제법으로 초콜릿을 제조한다. 맛마다 다른 포장지로 감싼 아름다운 패키지도 근사하다.
→「빈투바」

※패키지 디자인은 생산 시기나 수입국에 따라 달라지는 경우가 있습니다.

마시는 초콜릿

초콜릿이 탄생한 메소아메리카에서, 원래 초콜릿은 음료였다. 갈아 으깬 카카오에 옥수수가루나 향료를 더하고 물로 녹여 거품을 낸 것으로 매우 비쌌으며 왕우귀족들만 먹을 수 있었다고 한다. 16세기 이후 유럽으로 건너가 뜨거운 물로 녹여 설탕이나 우유를 섞어 쉽게 마실 수 있는 것이 되었으며 현재의 초콜릿 드링크에 가까워졌다. 하지만 유럽에서도 전해진 당시에는 매우 고가로 사치스러운 음료로 일반 대중이 입에 댈 수 있게 되기까지는 상당한 세월이 지나고서야 가능했다고 한다.
→ 「메소아메리카」, 「쇼콜라쇼」, 「거품」, 「초콜릿드링크」

마야 문명 [Mayan civilization]

중앙아메리카의 과테말라에서 유카탄반도에 걸쳐 번성한 마야족 고대문명. 기원전후에 시작되어 4~9세기에 가장 번영했으며 이후 쇠퇴. 16세기에 스페인의 식민지가 되었다. 언어는 마야어로, 천문학, 역력, 상형문자 등 고도 문화가 매우 발달, 거대건조물을 세우고 신권정치가 시행되었다. 현존하는 상형문자 중에는 카카오에 대해 기록도 다량 남아있다. 마야 항아리 그림에는 궁정에서 여성이 그릇에서 그릇으로 초콜릿을 따라 거품을 내는 모습을 묘사하고 있다. 마야의 뒤를 잇는 아즈텍에서는 초콜릿을 찬물에 녹여 마셨으나 마야문명 붕괴 후의 마야족 사이에 뜨거운 초콜릿을 마시는 풍습이 남아있었다는 점에서 찬물이 아닌 뜨거운 물로 녹였던 것이 아닌지 여겨진다.

마야 피라미드

마이야르 반응 [Maillard reaction]

환원당과 아미노기를 가지는 화합물, 즉 당분이나 전분, 단백질이 열을 만나 일어나는 반응으로 식재료의 갈변과 함께 독특한 맛과 풍미가 나타난다. 카카오 빈을 로스팅할 때에도 마이야르 반응이 일어나며, 이때 초콜릿 특유의 향이나 풍미, 색깔이 나타나게 된다.

마이케퍼와 마리엔케퍼
[Maikäfer & Marienkäfer]

독일어로 마이케퍼는 쌍무늬 바구미, 마리엔케퍼는 무당벌레를 의미한다. 두 곤충 모두가 독일에서 행운의 상징으로 여겨진다고 하며, 5월이 되면 과자가게 앞에 이 벌레의 모습을 본뜬 초콜릿이나 케이크가 나란히 진열된다.

쌍무늬바구미
무당벌레

마즈 [Mars]

1911년에 미국 워싱턴 주에서 문을 연 제과회사. 1923년에 맥아향 누가와 캐러멜을 밀크초콜릿으로 코팅한 초코바 「밀키웨이Milky Way」를 출시했으며, 이후에도 「스니커즈」나 「M&M's」등 미국을 대표하는 초콜릿을 제조하고 있다.

SNICKERS
이거 하나면 든든하죠~!

마카다미아 초콜릿
[macadamianuts chocolate]

속에 마카다미아넛이 들어있는 초콜릿으로 하와
이 특산품.

마카다미아가 쏙~

만세리나 [Mancerina]

접시에 솟은 테두리가 달린 초콜릿 컵. 스페인의
만세라 후작이 명명했다고 하며 어떤 연회 자리에
서 여성이 초콜릿을 드레스에 엎지르는 것을 보고
컵을 접시에 고정하는 형태를 장인에게 만들게 한
것이 시초라고 한다.
→「초콜릿 컵」

마카롱 [Macaron]

계란 흰자와 설탕을 단단하게 거품 낸 머랭Me-
ringue에 아몬드파우더를 섞어 구운 생지에 크림
등을 넣은 과자. 초콜릿 전문점에서도 마카롱을
정식 상품으로 내놓는 곳이 많으며, 생지에 초콜
릿을 섞어 넣거나 생지 사이에 가나슈, 마지팬Mar-
zipan, 버터크림을 샌드하는 등 가게에 따라 각양
각색의 개성이 있다. 스르륵 부서지는 표면과 부
드러움을 두루 갖춘 생지에 농후한 초콜릿이 듬뿍
샌드된 마카롱. 입 안에서 초콜릿이 끈적하게 흐
르는 순간은 뭐라고 말하기 힘든 맛이다.

Macaron~

망디앙 [Mendiant]

견과나 건조과일을 토핑한 초콜릿. 망디앙이란 프
랑스어로 가톨릭의 탁발 수도사를 의미하며 원래
견과와 과일의 색은 네 수도회의 수도사가 입던
옷 색깔에서 유래했다. 아몬드는 도미니코회(백),
헤이즐넛은 카르멜회(갈색), 말린 무화과는 프란
시스코회(회색), 건포도는 아우구스티노회(진한
자주색)이다. 현재는 이 네 종 이외의 토핑으로 만
들어도 망디앙이라고 불린다.

여러 가지 토핑이 올라가요~

메달 [Medal]

메달 모양을 한 초콜릿으로
외관상「코인초코」와 닮았지
만 목에 걸 수 있도록 끈이 달
린 것도 있다.

먹을 수 있어요~

메리 초콜릿

1950년 창업한 제과 메이커로 옆얼굴의 여자아이 메리의 실루엣이 트레이드마크. 1958년부터 밸런타인 세일을 실시하였고 여성이 남성에게 사랑을 담아 초콜릿을 선물하는 날이라는 일본 독자적인 밸런타인 데이의 습관이 정착하는데 크게 공헌했다. 나아가 최근에는 도쿄대학과 협력하여 이즈의 온천열을 이용하여 비닐하우스에서 카카오를 재배하는 데도 착수했다.

→「온천」

메소아메리카 [Mesoamerica]

스페인 침략 이전의 멕시코와 중앙 아메리카 북부로 마야, 아즈텍 등을 포함 고도 고대문명권을 말한다. 지리적으로는 멕시코 남반부 과테말라, 벨리즈, 엘살바도르 전역, 온두라스, 니카라과, 코스타리카 서부를 가리킨다.

메소아메리카

메이지 밀크초콜릿

1926년에 발매된 메이지의 초콜릿. 데즈카 오사무 등 많은 문화인들에게도 사랑받았다. 발매 당시의 가격은 크기에 따라 10전, 20전, 70전의 세 종류. 백미 10kg이 3엔 20전, 붕어빵 한 개가 1전 5리였던 시대였으므로 고가의 과자였다. 사실 이 초콜릿은 발매 당시부터 현재에 이르기까지 레시피가 바뀌지 않았다. 시대에 맞춰 원재료의 품질이 향상되어 왔지만 기본적인 레시피는 그대로라고. 사진은 1926년 당시의 패키지이다.

→「데즈카 오사무」,「거대간판」

메이지 하이밀크초콜릿

「메이지 밀크초콜릿」과 같은 시리즈로, 빨간색 패키지가 눈에 띄는 「메이지 하이밀크초콜릿」도 있다. 이 제품은 밀크초콜릿보다도 우유의 맛이 더 강하게 느껴지는 맛이다. 사진은 1962년 발매 당시의 것.

멕시코의 초콜릿 드링크

카카오 원산지로 마야, 아즈텍 문명이 번성했던 땅 멕시코에서는 초콜릿 드링크인 초코라테을 일상적으로 마셨다. 카페에서는 시나몬이 들어간 멕시코식을 메히카나, 카카오가 진하고 달콤함이 덜한 것을 에스파뇨라(스페인 풍), 카카오가 적고 단맛이 강한 것을 프랑세사(프랑스풍)이라고 부른다고 한다.

CINNAMON

CACAO

SUGAR

모나리자는 초콜릿 색

일본의 교통카드 가운데 하나인 「Suica」의 펭귄 캐릭터로 알려진 사카자키 치하루坂崎千春의 그림책 「미술과 놀자! 튜브 군 그림책-모나리자는 초콜릿 색美術とあそぼう! チューブくん絵本 モナ·リザはチョコの色」을 보면, 레오나르도 다빈치의 「모나리자」를 갈색이 주로 쓰인 부드러운 분위기의 그림이기 때문에 피스타치오를 섞은 초콜릿의 맛이라고 표현하고 있는 것을 볼 수 있다.

모로조프

[Morozoff]

1931년, 고베에서 창업한 전통의 양과자 메이커. 1932년 재빠르게 밸런타인 초콜릿을 발매하였고 1936년에는 영자신문, 재팬 애드버타이저Japan Advertiser에 일본 최초로 밸런타인 광고를 실어 일본의 밸런타인데이 문화가 싹 트게 했다.
→「칼럼: 밸런타인데이와 초콜릿」

모리 마리 [森 茉莉]

1903-1987년. 모리 오가이森 鷗外의 딸이자 작가인 모리 마리는 『가난한 사바랭貧乏サヴァラン』의 기호품에 대한 장에서 「먼저 초콜릿」이라며 맨 처음 언급할 정도로 초콜릿에 심취. 매일 한 개의 영국제 초콜릿을 사러 시모키타자와 역 앞의 마켓에 가곤 했다고 한다. 판 초콜릿을 잘게 부수고 그 위에 각설탕을 뿌려 초콜릿 드링크를 만드는 일도 있었다고. 가난했지만 여러 가지 솜씨로 우아함을 유지해왔던 그녀의 생활에 있어 초콜릿이 빠질 수 없는 것이었다고 한다.

모리나가 다이치로 [森永太一郎]

1865년-1937년. 모리나가제과의 창업자. 미국에서 서양과자의 제법을 배우고, 귀국후 1899년에 모리나가제과의 전신인 모리나가서양과자제조소를 창업했다. 일본에 서양과자를 보급시킨다는 꿈을 안고 마쉬맬로나 캐러멜 제조판매를 개시했으며 1918년 일본 처음으로 카카오 빈에서 초콜릿을 만드는 일관제조판매를 개시. 이듬해인 1919년에는 한 개 10전인 밀크초콜릿을 발매하고 일본 초콜릿의 대중화의 선구자가 되었는데, 이것은 일본 초콜릿 역사의 초석이 된 일이기도 했다.

모리나가 밀크초콜릿

[森永ミルクチョコレート]

1918년 발매된 모리나가제과의 초콜릿. 카카오 빈부터 초콜릿이 되기까지 일본 최초로 일관제조된 역사적인 존재라 할 수 있는 초콜릿이다.

모리나가 서양과자제조소
[森永西洋菓子製造所]

———

1899년 모리나가 다이치로가 미국에서 귀국한 뒤 창업. 1912년에 모리나가제과 주식회사로 개칭했다.

모리나가제과 주식회사
[森永製菓株式會社]

———

1899년 창업한 제과 메이커. 창업자 모리나가 다이치로의 지휘 아래 일본에서 처음으로 카카오빈에서 초콜릿을 만드는 일관제조를 시작했다. 판매점의 간판이나 포스터, 신문광고, 전차광고 등의 선전활동을 적극적으로 시행하여 초콜릿은 고급품이라는 미이지에서 일반인에게도 사랑받는 과자로 저변을 넓혀갔다. 일본 국내산 제1호인 「모리나가 밀크초콜릿」 외에 「초코볼」, 「고에다」 등 여러 롱셀러 상품을 탄생시켰다.

모차르트 [Wolfgang Amadeus Mozart]

———

1756-1791년. 잘츠부르크 태생의 음악가 모차르트는 「코지 판 투테Cosi fan Tutte」 등 자작 오페라 안에서도 초콜릿을 등장시키고 있다. 그와 초콜릿의 이미지의 연관성은 강해서 모차르트쿠겔로 대표되는 초콜릿이나 초콜릿 리큐르 등, 모차르트의 이름이 붙은 제품이 다수 존재한다. 아마 모차르트 본인도 초콜릿을 좋아했을 것이다.

작품 속에 초콜릿을 등장시켰지.

모차르트쿠겔 [Mozartkugel]

———

19세기 말, 오스트리아 잘츠부르크의 과자장인 파울 푸르스트가 제작한 한입 크기의 초콜릿으로 잘츠부르크 출신인 모차르트를 참고로 이름을 붙였다고 한다. 여러 회사가 같은 이름의 초콜릿을 차례차례 발매하여 지금은 오스트리아, 독일의 특산 선물의 단골 제품이 되었다. 어떤 초콜릿이든 은박지에 모차르트의 초상화가 그려져 있다.

여러 가지 모차르트

몬테수마 2세 [Moctezuma II]

———

아즈텍 제 9대왕 (재위 1502-15020년). 별명 초콜릿 왕. 아즈텍 제국에서는 카카오 빈은 화폐로 사용될 정도로 귀중품이었지만 궁전에서는 그를 위해 하루 50잔이나 되는 카카우 아틀이라 불리는 초콜릿 드링크가 준비되었다고 한다. [※1]
→ 「카카우아틀」

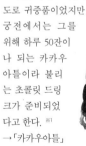

하루 50잔을 마셨느니라

몰드 [Mold]

초콜릿의 형태를 만드는 틀. 형태나 소재, 크기는 각양각색. 각각의 틀로 만든 초콜릿을 조합하여 입체적인 초콜릿으로 만드는 2개 1조의 몰드도 있다. 부활절이 되면 볼 수 있는 「이스터 에그」나 「이스터 바니」는 이런 몰드를 사용해서 만든다.

토끼 모양 초콜릿으로

몰리니요 [Molinillo]

초콜릿을 섞는 교반봉으로 막대기 끝에 솔방울이 달린 것 같은 모양을 하고 있다. 초콜릿은 원래 액체로, 입자가 거칠었기 때문에 그 거친 느낌을 숨기기 위해 거품을 잘 낸 뒤에 마셨다. 아즈텍에서는 그릇에서 그릇으로 콸콸 따라내는 방식으로 어 거품을 냈지만, 스페인에 초콜릿이 전해지면서 보다 효과적으로 거품을 내기 위해 고안된 것이 바로 몰리니요. 초콜릿 포트와 세트로 사용하는 것으로 포트의 뚜껑에 튀어나온 몰리니요를 회전시키며 상하로 움직여 뒤섞는다.
→「초콜릿포트」

몰레 [Mole]

일본에서는 몰레를 초콜릿을 사용한 소스라고 여기는듯 하지만, 멕시코에서는 그냥 소스라는 의미이며, 초콜릿 소스는 몰레 포블라노Mole Poblano라고 한다. 고추 등의 향신료에 마늘, 견과, 초콜릿을 조합한 소스로, 이 몰레 포블라노를 사용한 멕시코 전통요리가 파보 인 몰레 포블라노Pavo en mole poblano 라는 칠면조 요리이다. 칠면조 대신 닭고기를 넣어도 맛있다고 한다.

농후한 맛~

무스 오 쇼콜라
[Mousee au chocolat]

초콜릿 무스라는 의미. 무스란 프랑스어로 「거품」을 뜻한다. 입 안에서 사르륵 녹아버리는 듯, 부드러운 식감의 디저트. 프랑스에서는 가정에서 가볍게 만드는 경우도 많다고 한다.

폭신폭신

미네랄 [mineral]

초콜릿의 원료인 카카오 빈에는 칼륨이나 칼슘, 마그네슘 등 몸의 기능 유지나 조절에 필요한 미네랄 성분이 많이 함유되어 있다. 카카오 배합률이 높은 초콜릿일수록 미네랄 성분도 많아진다.
※2

미엘 [Miel]

미엘은 프랑스어로 벌꿀을 의미하며 꿀을 사용한 초콜릿에 자주 붙는 이름이다. 벌꿀은 꿀을 채취하는 꽃의 종류에 따라 맛의 개성도 다르기 때문에 어떤 벌꿀을 고르는 가에 따라 초콜릿의 풍미도 달라진다.

미카도 [MIKADO]

「포키Pocky」의 유럽 버전이라 할 수 있는 과자. 1982년, 에자키 글리코가 프랑스의 제과메이커 「몬데리즈사」와의 합병회사에서 생산했다. 「미카도」라는 제품명은 가는 대오리를 무너트리지 않고 뽑아내는 MIKADO라는 게임의 이름에서 유래했다고 한다.
→ 「포키 초콜릿」

미크론 [Micron]

초콜릿의 액체보다도 농후한 끈적임을 띤 독특한 부드러움에는 과학적인 이유가 있다. 초콜릿의 입자는 약 20미크론(1mm의 1/50). 이 크기는 인간의 혀가 느낄수 있는 거칠함의 최소단위라고 알려져 있다. 작은 입자를 만들어내기 위해 마쇄작업을 반복함으로써 초콜릿 입자 1g에 해당하는 표면적의 합계는 1㎡이 된다고 한다. 미크론 단위의 세밀함이 초콜릿의 맛의 비밀인 것이다.

민트 초콜릿 [Mint chocolate]

민트 맛 페이스트를 중간에 넣거나 생지에 반죽해 넣은 초콜릿. 이것을 맛있다고 느끼게 되었다면 어른이 되었다는 증표일지도?

민트와 초콜릿의 하모니~♪

밀카 [Milka]

보라색 패키지에 보라색 소가 트레이드마크. 종류가 풍부하며 유럽에서는 대부분의 슈퍼마켓에 놓여 있어 누구라도 한 번은 먹어본 경험이 있다고 말해도 좋을 정도로 대중적인 초콜릿이다. 탄생한 것은 스위스이지만 지금은 절반 이상이 독일 공장에서 생산되고 있으며 독일의 국민적인 초콜릿 과자라고 말해도 좋을 정도의 존재.

밀크초콜릿 [Milk chocolate]

카카오 매스, 카카오 버터, 설탕에 분유를 첨가한 초콜릿을 의미. 전지분유, 탈지분유 등이 사용된다. 참고로 밀크초콜릿은 스위스에서 탄생했다.
→ 「다니엘 페터」

초콜릿을 대중화한 남자

밀튼 허쉬 [Milton S. Hershey]

1857-1945년. 미국 초콜릿 메이커 허쉬의 창업자.
15세때 과자장인의 건습생이 되었고 얼마 안 있
어 자기 가게를 열게 되었다. 미국 만국박람회에
서 초콜릿을 대량생산하는 기계류를 만나고 1894
년 당시 경영하고 있던 「랭카스터 캐러멜 사」의 자
회사를 「허쉬 초콜릿 컴퍼니」로 설립하여 자신도
대량생산을 시작. 사치품이었던 초콜릿은 이렇게
일반소비자에게도 쉽게 손에 넣을 수 있게 되었
고 아이들이 좋아하는 과자가 되었다. 펜실베이니
아주에 초콜릿과 코코아 공장, 나아가 백화점이나
은행, 동물원, 호텔까지 있는 「초콜릿 마을 허쉬」
를 세우는 등 지역사회에도 크게 공헌해왔다.
→「허쉬」

밀튼 허쉬 스쿨 [The Milton Hershey School]

밀튼 허쉬는 1909년에 고아를 위한 학교 「The
Hershey Industrial School for Orphans」를 설
립했다. 이것이 현재 「The Milton Hershey
Schoool」의 전신. 밀튼 허쉬는 학교의 운영을 위
해 6000만달러의 사재를 투자하여 신탁기금을 조
성하고 이 기금으로 현재도 학교를 운영하고 있
다. 이 학교는 1800명 이상의 불우아동을 위해 주
거나 학비, 의료비를 무료로 제공하고 있다. 그리
고 허쉬사의 이익의 일부는 이 학교에 기부하도록
되어있다고 한다.

1913년의 밀튼 허쉬와 아이들

현재의 밀튼 허쉬 스쿨

초콜릿과 관련된 새로운 직업

쇼콜라 코디네이터는 무슨 일을 하는 사람?

쇼콜라 코디네이터, 사실 이런 직업을 가진 사람은 세계에 한 사람밖에 없습니다. 바로 이치카와 아유미 씨입니다. 원래 방송국 연출가로 활약하던 그녀는 초콜릿에 대한 풍부한 지식으로 좋은 평판을 얻으면서 TV나 라디오, 잡지, 웹에서 초콜릿 전문 저널리스트로 활동하게 되었습니다. 초콜릿 업계에서도 타고난 활력을 발휘하여, 취재로 알게 된 초콜릿 업계의 의욕적인 동지들을 서로 연결해 콜라보를 기획하거나 백화점에서 유명 쇼콜라티에와 토크쇼나 시식회를 개최하고 대형 주류 메이커의 의뢰로 양주에 어울리는 초콜릿을 제안하는 일을 하기도 하며, 초콜릿 브랜드의 상품 개발 같은 크리에이티브 컨설턴트로 일을 의뢰받게 되었습니다. 또한 초콜릿과 관련된 TV 드라마나 방송의 코디네이트 및 감수 등 초콜릿과 관계가 있는 다양한 일을 하고 있습니다. 이렇게 독특한 일을 하는 모습을 보고, 주변에서 명함에 새로운 직함을 새기라고 제안했고 그 결과 탄생한 것이 바로 쇼콜라 코디네이터라는 단어.

「제가 초콜릿의 문화적, 예술적인 매력에 눈을 뜨게 된 계기가 바로 프랑스의 봉봉 쇼콜라였기에 프랑스어인 쇼콜라와 영어의 코디네이터를 조합했습니다.」

이미 존재하던 자격이나 직업이 아니라 이치카와 씨의 초콜릿을 향한 정열과 활약 덕분에 「쇼콜라 코디네이터」라는 새로운 직업이 탄생한 것입니다.

쇼콜라 코디네이터의 하루

쇼콜라 코디네이터의 분주한 하루를 살펴봤습니다.

카카오 97%의 날

※ 이치카와씨는 하루 중 초콜릿이 차지하는 비율을 카카오의 %로 표현하기도 합니다

9:30　기상
10:00　아침 초콜릿 시식 타임 (봉봉 쇼콜라 8종 & 태블릿 2종)
10:45　잡지 원고 집필

이 시간이 초콜릿 이외의 3%!

12:00　샐러드를 만들어 점심 식사.
13:00　세계적인 초콜릿 이벤트의 공식 사이트에 넣을 내용을 위해 브랜드 A를 취재.
14:30　초콜릿 브랜드 B의 신작발표회 참가
15:30　초콜릿 브랜드 C의 카페에서 잡지 초콜릿 특집 촬영
17:00　일본 방문 중인 초콜릿 브랜드 D의 쇼콜라티에 D씨와 인터뷰
18:30　쇼콜라티에 D씨에게 초대를 받아 저녁 식사 ('원고를 써야 되는데' 라고 생각하면서 활기차게 '꼭 초대해주세요'라고 대답. 초콜릿에 대해 활발한 정보교환을 할 수 있어 무척 의미 있는 시간)
21:30　귀가
22:00　초콜릿 관계자, 미디어 관계자들로부터 받은 많은 메일에 회신. SNS 투고, 언론 기사 체크, 매일 아침 출연하는 라디오 방송의 회의 등.
1:00　쇼콜라티에 E씨와 통화 (두 사람 모두 저녁형 인간)
2:00　드디어 목욕 시간
3:00　추가로 들어온 메일에 회신하고 취침

이치카와 아유미 [市川歩美]
쇼콜라 코디네이터, 초콜릿 저널리스트. 어릴 적부터 초콜릿을 매우 좋아했다. 1990년대에 프랑스의 봉봉 쇼콜라를 만나 초콜릿의 깊이에 매료된 뒤로, 당시 일본에 그리 알려져 있지 않던 고급 초콜릿을 입수해 먹어 보면서 견문을 넓혔다. 연간 초콜릿 시식 수는 약 2000종류. All About 초콜릿 가이드. 공식 사이트는 http://www.chocolatlovers.net
※「쇼콜라 코디네이터ショコラコーディネーター」는 상표로 등록되어 있습니다.

바 · 사

바 초콜릿

→ 「초콜릿 바」

바나나 잎

바나나 잎으로 보호

카카오에게 있어 바나나 는 무척이나 중요한 존 재다. 카카오 나무는 무 척 예민하다. 고온다습 을 좋아하는 한편 직사 광선에는 약하다. 그래 서 카카오 나무 주변에 바나나를 심어 바나나의 커다란 잎을 해가리개로 쓴다고 한다. 게다가 중요한 역할을 하는 것이 카 카오 빈을 발표시킬 때. 바나나잎을 깔아놓고 그 위에 카카오 빈을 얹은 후 다시 바나나잎을 덮어 발효시키는 것이 전통적인 방법이다.
→ 「발효」

박물관 [博物館, Museum]

세계 초콜릿 박물관으로 유명한 것은 독일 쾰른에 있는 「초콜릿 박물관Immhoff-Schokoladenmuseum」 과 스페인의 바르셀로나에 있는 「초콜릿 박물관 Museu de la Xocolata」으로, 모두가 초콜릿의 역사나 초콜릿 공장의 견학이 가능한 관광 명소가 되었 다. 일본에서는 홋카이도 삿포로의 「시로이코이 비토 파크」, 신 치토세 공항의 「로이즈 초콜릿 월 드」가 초콜릿 역사나 제조법 등을 알 수 있는 박물 관의 역할을 다하는 장소가 되었다.
→ 「시로이코이비토 파크」, 「로이즈 초콜릿 월드」

MUSEUM

발레리나 [Ballerina]

체중제한에 엄격한 직업을 들자면 발레리나가 있 다. 살이 찌면 안되지만 근육의 힘은 필요. 식사에 무척 신경을 쓴다. 일본의 프리마 발레리나인 모 리시타 요코森下洋子는 아침에 연습실에 들어가면 저녁에 연습이 끝날 때까지 거의 아무것도 먹지 않는 대신 좋아하는 초콜릿을 조금 씩 먹는다고 한다.

발레리나의 간식

발로나 [VALRHONA]

1922년 창업한 프랑스의 초콜릿 회사. 카카오 빈 의 재배부터 제조에 이르기까지 철저한 품질관리 를 실시하여 최고 품질의 초콜릿을 만들고 있다. 주로 커버추어 초콜릿Couverture chocolate 등 전문 가 대상의 초콜릿을 생산하여 세계 일류 과자 장 인들의 지지를 받고 있으나 일반인 대상의 태블 릿 초콜릿이나 카레 초콜릿Carre Chocolate, 정사각형 의 조각 초콜릿 등도 판매한다. 또한 최근에는 블랙, 밀크, 화이트에 이어 네 번째 초콜릿으로 세계 최 초의 「블론드 초콜릿」을 출시. 비스킷이나 쇼트브 레드의 풍미와 은은한 단맛, 마지막으로 느껴지는 약간의 짠맛이 특징. 초콜릿계의 신성으로 주목받 고 있다.

초콜릿 보물상자

발로탱 [Ballotin]

프랄린, 봉봉 쇼콜라 등의 한입 크기 초콜릿을 넣는 상자. 단상을 뒤집은 것 같은 모양을 하고 있다. 1915년, 벨기에의 초콜릿 제조사 노이하우스에서 고안되었다. 여러 조각이 들어가는 작은 상자부터 1kg용의 큰 상자까지 사이즈도 다양.
→「노이하우스」

발효 [醱酵]

수확한 카카오 열매(카카오포드)를 손도끼등의 도구로 갈라 펄프(하얀 과육)째로 카카오 빈을 꺼내 발효시킨다. 발효에는 제 1의「알코올 발효」와 제 2의「아세트산(초산)발효/젖산발효」의 두 단계가 있다. 이 일련의 작업에 의해 카카오 빈을 로스팅했을 때 특유의 향과 맛이 형성된다. 전통적인 방법은「히브법」이라고 하는데 바나나 잎으로 감싸서 서늘한 곳에 두고 자연스럽게 발효시킨다. 발효가 진행되면 온도가 오르기 때문에 바나나 잎을 거둬내고 속을 균등하게 뒤섞어 다시 바나나 잎으로 감싸는 공정을 반복한다. 대규모 농원 등에서는 나무 상자를 사용한 발효를 진행하는「박스법」을 통해 한 번에 많은 카카오 빈을 발효한다.
→「알코올 발효」,「아세트산 발효/젖산 발효」

바나나 잎으로 싸서 발효

발효식품 [醱酵食品]

수확되어 포드에서 빼낸 카카오 빈은 바나나 잎 등으로 감싸, 약 일주일 정도 발효시킨다. 따라서 초콜릿은 발효식품이라고도 말할 수도 있다. 다만 제조공정 중에 카카오 빈의 로스팅 등 가열처리에 따라 발효가 멈추므로 먹을 때 균이 살아 있을 수는 없기에 된장이나 요구르트 등과는 다르다.
→「발효」

백탕/백비탕 [白湯/白沸湯]

초콜릿 테이스팅을 할 때 사이사이에 마실 음료로는 백탕, 즉 아무 것도 넣지 않고 끓인 물이 가장 좋다. 먹은 초콜릿 맛이 씻겨나가면서 미각이 리셋된다. 차가운 음료는 입 안의 온도가 내려가 버리므로 초콜릿이 입에서 부드럽게 녹지 못해 초콜릿 맛이 입안에 남아있게 된다. 테이스팅에는 백탕이나 특별한 특징이 없는 옅은 홍차, 또는 상온의 물 등을 준비하자.
→「칼럼 : 초콜릿 테이스팅 세미나를 체험했습니다」

ㅂ

백탕

베드사이드 초콜릿

초콜릿은 숙면에 도움이 될까, 아닐까? 확실히 초콜릿에는 카페인이 들어 있고 특히 카카오 함량이 높으면 각성 효과가 나타날 지도 모른다. 하지만 유럽 고급 호텔의 침대 머리에는 초콜릿이 놓여 있는 것을 볼 수 있는데, 잠들기 전에 하나 먹으라는 의미라고 한다. 카카오에 함유된 가바에는 신경을 가라앉히는 작용도 있어서 나라에 따라 초콜릿은 긴장 완화를 위한 음식이라는 의식을 갖고 있기도 하다.
→「카페인」,「가바」

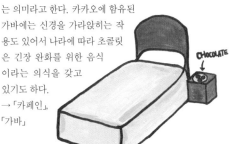

CHOCOLATE

벽오동나무과

카카오는 쌍떡잎식물 아욱목 벽오동나무과에 속하는 상록수. 벽오동나무과는 쌍떡잎식물에 속하며 주로 열대와 아열대에 분포되어 있다. 콜라의 원료인 콜라 열매도 같은 벽오동나무과에 속한다.

보존 방법

일반적인 초콜릿의 보존은 16~22℃가 적정온도로 습기가 적고 직사광선이 닿지 않는 장소에서 상온 보존하는 것이 가장 좋지만 고온다습한 여름철에는 냉장고를 이용하도록 하자. 단 냉장고 안은 온도가 너무 낮고 냄새도 옮기 쉬우므로 알루미늄 호일 등으로 싼 다음 밀폐용기에 넣어 보관한다. 냉장고에서 막 꺼낸 초콜릿은 너무 차갑기 때문에 실온으로 되돌려서 먹으면 부드럽게 녹는 맛을 즐길 수 있다. 와인셀러에 보관하는 것도 좋지만 이 경우에도 역시 밀폐하여 보관한다. 가나슈가 들어간 초콜릿이나 생 초콜릿은 15~18℃가 적정온도지만 제품에 따라 냉장해야 하는 타입도 있으므로 판매점에서 확인할 것. 기본적으로 초콜릿은 장기 보존이 가능하지만 일단 개봉했다면 되도록 빨리 먹어야 맛있다.
→ 「와인셀러」

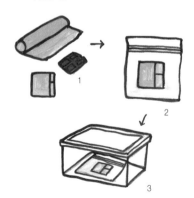

1. 알루미늄 호일로 감싼다.
2. 지퍼 비닐에 넣는다.
3. 캔이나 밀폐 용기에 넣는다.

부아제트 [Boisette]

초콜릿을 나뭇결이나 줄무늬 모양으로 만드는 도구. 녹인 초콜릿에 부아제트의 홈이 파인 면을 눌러서 슬라이드시키면 모양을 넣을 수 있다. 부아제트란 프랑스어로 나무껍질을 의미. 빗이라는 의미의 페뉴Peigne라고도 불린다.

나뭇결 무늬를 넣는 도구

부활절 [Easter]

십자가에 달린 예수가 사후 3일째에 부활한 것을 기념하며 축하하는 날로, 봄의 도래를 기리는 축제이기도 하다. 부활절에 빠질 수 없는 것이 이스터에그. 달걀은 생명의 탄생을 나타내는 상징으로서 여러 색으로 많은 장식을 입힌다. 초콜릿으로도 부활절 달걀을 만들기도 하며 다양한 크기의 달걀 모양 초콜릿이 가게 선반에 진열된다. 껍질도 초콜릿, 속도 귀여운 모양을 한 작은 초콜릿이 들어있는 것도 등장했다. 독일에서는 토끼를 본딴 초콜릿인 이스터 바니를 만든다.

계란 모양 초콜릿

ㅂ

뷔시 드 노엘 [Bûche de Noël]

프랑스어로 노엘은 「크리스마스」, 뷔시는 「장작」
을 의미하며, 프랑스에서는 크리스마스 케이크로
사랑받고 있다. 롤케이크의 표면을 초콜릿크림으
로 덮고 포크 등으로 줄무늬를 넣어 마치 나무껍
질처럼 보인다. 이 케이크의 유래는 예수가 탄생
한 것을 밤새 장작을 때며 기다렸다는 전설이나
크리스마스 선물을 살수 없었던 가난한 청년이 땔
감에 리본을 묶어서 연인에게 선물했다는 에피소
드라고 알려져 있다.

→「크리스마스 케이크」

브랜디 [Brandy]

브랜디 글라스를 돌리면서 초콜릿을 한 조각. 이
조합은 특히 남성 애호가에게서 사랑받는 것 같
다. 브랜디는 초콜릿 케이크나 봉봉에도 자주 사
용되지만 브랜디가 들어간 초콜릿을 보면 역시 멋
진 남성을 위한 선물로 어울릴 것이라는 생각이
든다.

브리야 사바랭 [Brilla-Savarin]

1755-1826년. 프랑스의 법률가, 정치가이자 미식
가. 『미식 예찬Physiologie du goût』의 저자로 초콜
릿에 대해 흥미 깊은 말을 많이 남겼다. 「초콜릿
을 상용하는 사람들은 늘 변함없이 건강을 즐기며
때때로 인생의 행복을 가로막는 병에 걸리는 일
도 드물다」, 「정성이 듬뿍 들어간 초콜릿은 건강에 좋고 맛
도 좋은 식품이며 자양분이 있고 소화도 잘 된다」
(『미식예찬』, 브리야 사바랭 저, 세키네 히데오, 도
베 마쓰미 역, 이와나미 클래식스)라는 등, 대단한
찬사를 보내고 있다. 한국에는 『브리야 사바랭의
미식 예찬』(홍서연 역, 르네상스, 2004)이라는 제
목으로 출간된 바 있다.

미식가의 귀감

블랙초콜릿 [black chocolate]

「비터초콜릿」을 의미한다.

너무 잘 어울려요

블룸 현상 [Bloom]

블룸은 「꽃이 핀다」는 의미로 초콜릿 표면에 반점
이 생기거나 희끗희끗하게 변하는 현상을 뜻한다.
블룸 현상에는 팻 블룸과 슈가 블룸이 있다. 블룸
이 생긴 초콜릿은 섭취해도 문제는 없지만 유감스
럽게도 풍미나 혀에 닿는 감촉은 떨어진다. 그렇
다고 버리는 것은 아깝다! 녹여서 초콜릿 드링크
로 만들거나 요리의 감미료 등으로 활용하면 맛있
게 먹을 수 있다.
→「팻 블룸」,「슈가 블룸」

보통 초콜릿

블룸현상이 발생한 초콜릿

비상식량 [非常食糧]

초콜릿은 보존성이 좋고 열량도 제대로 갖추고 있
기 때문에 비상식량으로 두기도 편리하다. 유통기
한이 길어서 보통 시판되는 초콜릿을 비상식량으
로 보관하는 가정도 많으리라 생각되는데, 아예
처음부터 비상식량으로 쓸 것을 염두에 두고, 보
다 오래 보존할 수 있도록 내열성을 보강하기 위
해 당의를 입히는 한편, 보존성이 우수한 알루미
늄 필름으로 포장한 초콜릿이나 튜브식으로 먹는
초콜릿도 있다.

2 years

CHOCOLATE

3years

비체린 [Bicerin]

1763년에 개업한 이탈리아의 커피하우스「카페 알
비체린Caffè al Bicerin」에서 탄생한 핫초콜릿과 에
스프레소, 밀크로 만들어진 따뜻한 음료. 같은 이
름이 붙은 카카오와 헤이즐넛으로 만든 잔두야를
베이스로 한 초콜릿 크림 리큐르(리커)도 있다.
→「잔두야」

이렇게 보여도
꽤 뜨거워요

비터초콜릿 [Bitter chocolate]

카카오 매스에 카카오 버터와 설탕을 더한 초콜릿
으로, 유제품은 들어가지 않는다. 카카오 매스가
성분의 40~60%를 차지하며 쓴맛이 있는 초콜릿
이다. 스위트초콜릿, 블랙초콜릿, 플레인초콜릿,
다크초콜릿 등 여러가지 명칭이 있으며 그 구별이
애매하다. 일본에서의 초콜릿 코코아 제조공장의
용어로는 이것을 카카오 리커, 초콜릿 리커라고
부르는 경우도 있다. 일본에서는 제2차 세계대전
직후, 카카오 매스를 비터초콜릿이라 부르던 시기
가 있었다고 한다.
→「스위트초콜릿」

Simple is best !

빈투바 [Bean to bar]

빈투바란 카카오 빈부터 초콜릿 완제품까지 모든 제조공정에 직접 관여하는 것. 몇 년 전부터 미국을 중심으로 소규모 빈투바 공방이 등장하기 시작했다. 산지나 품질 등 카카오 빈 단계부터 신경을 쓴다는 점에서 더 좋은 품질의 초콜릿을 만들어 제공하려는 운동이기도 하다. 회사 규모의 크기에 상관없이 기성 초콜릿을 구입하여 상품화하는 것이 아니라 카카오 빈을 엄선하여 매입, 상품화할 때까지 전 공정을 일관 진행한다.

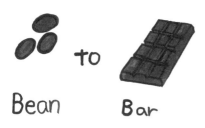

빙수 [氷水, かき氷]

습도가 높은 여름. 일본에는 초콜릿 빙수가 있다. 빈투바 매장인 쇼콜에서는 비트로 만들어 명함 붉은 색의 새콤달콤한 시럽과 카카오, 토핑으로 카카오 닙과 생초코를 곁들인 산뜻한 맛의 빙수를 즐길 수 있다.

사브레 [Sablé]

버터, 밀가루, 설탕, 우유로 만드는 바삭바삭한 식감의 쿠키. 초콜릿이나 코코아를 함께 반죽한 것을 사브레 쇼콜라라고 부른다.

살이 찌다

초콜릿을 먹으면 살이 찔까, 안 찔까. 답은 예스이기도, 노이기도 하다. 카카오폴리페놀은 지방저장을 억제한다고 알려져 있으니 같은 양의 유지를 함유한 다른 식품보다는 잘 살이 찌지 않는다고 생각할 수 있다. 하지만 초콜릿에는 설탕도 포함되어 있고 종류에 따라서는 동물성 지방이 첨가된 것도 있다. 따라서 초콜릿으로 살이 찌는지 빠지는지는 어떤 초콜릿을 선택했으며, 어떤 식으로 먹는 가에 따라서 달라진다 하겠다. ※3 ※9
→「다이어트」

꿈에
그리던

초콜릿 공장에 가보았습니다!

영화 「찰리와 초콜릿 공장」에서는 초콜릿을 사고 골든 티켓을 손에 넣은 어린이 다섯 명과 그 보호자만이 이상한 공장을 견학할 수 있었습니다. 골든 티켓은 없지만 우리에게도 초콜릿 공장 견학은 "꿈"이지요!

일본의 경우, 특별 티켓이 없어도 인터넷으로 신청하면 대형 메이커의 공장 가운데 몇 곳을 견학할 수 있습니다(인기가 높아서 금방 만원이 되어 버리지만). 위생관리가 엄격하기 때문에 많은 공장에서 유리가 달린 복도를 통해 견학하는 형태로 운영하지만, 달콤한 향기를 맡으며 초콜릿이 완성되는 공정을 볼 수 있는 것은 귀중한 체험이니 모

쪼록 신청해보기 바랍니다.

저, 리카코는 모리나가제과의 공장을 견학하고 왔습니다. 취재를 위해 특별히 허가를 받아서 일반적인 것과는 조금 다른 코스였는데, 당시의 모습을 여러분께 보고 드리고자 합니다!

공장 견학 스타일로 변신

공장에게 들어가려면 무엇보다 위생이 제일 중요! 먼저 일회용 흰옷을 착용. 그리고 머리카락을 완전히 숨길 수 있는 모자를 씁니다. 이 모자는 안경이 통할 수 있는 전용 파트까지 달려 있습니다. 귀에 걸지 않는 타입의 마스크를 착용(귀에 거는 마스크라면 머리카락이 떨어질 가능성이 있기 때문이라고 합니다)하고, 마지막으로 흰색 신발로 갈아 신습니다.

취재 신청 당시에
방사이즈를 물어본 이유는
이래서였군요.

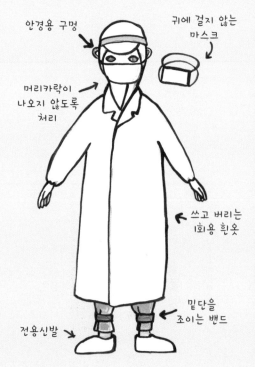

안경용 구멍

귀에 걸지 않는
마스크

머리카락이
나오지 않도록
처리

쓰고 버리는
1회용 흰옷

밑단을
조이는 밴드

전용신발

청결이 제일입니다.

견학용 복장으로 갈아입고 드디어 입장. 그 전에
손을 정성스럽게 소독하고 점착 테이프를 사용하
여 눈에 보이지 않는 먼지까지 떼어냅니다. 아주
작은 먼지도 몸에 붙이고 들어가지 않도록 하기
위한 배려입니다. 공장에서 일하는 모든 분들을
관찰해보았는데, 이 과정을 철저하게 지키고 있
었습니다. 밖에 잠깐 나갔다 온 뒤에도 반드시 전
신을 돌돌돌~. 원칙을 성실하게 지키는구나, 몸에
습관처럼 배었구나, 라며 감탄했습니다.

출입할 때마다
손을 잘 씻어요.

돌돌~
돌돌~

공장에서 일하는
사람은
슬림 핏의 옷을.

테이프를 굴릴 때에도
대강 하지 않는 점이
대단해요!

환상의 탱크로리

카카오 빈에서 시작해 콘칭 작업까지 마친 초콜릿
이 다른 공장에서도 운반되어 옵니다. 콘칭된 초
콜릿을 어떻게 운송하는가 하면 특별한 탱크로리
를 사용합니다. 안에 든 초콜릿이 굳지 않도록 온
도를 철저하게 관리한 상태로 운송. '온도가 몇 도
인가요?' 라고 무심결에 물어보았는데 '기업비밀

입니다.'라며 빙긋. 초콜릿은 탱크로리에서 종류
마다 분류된 탱크로 바꿔 타고 공장 내의 각 제조
라인에 운반됩니다.

CHOCOLATE

초콜릿을 옮기는 꿈의 자동차

이 탱크로리를 본 날은
좋은 일이 생긴다는
소문이 있어요~

검품, 검품, 또 검품!

템퍼링을 마친 초콜릿은 먼저 몰드(초콜릿 틀)에 담깁니다. 여분의 공기를 빼고 초콜릿이 균일해 지도록 탁탁 흔들면서, 폴리카보네이트제 몰드에 넣은 초콜릿이 이동합니다. 도중에 검품기가 있어 서 이물질이 들어있지 않은지 체크. 그리고 냉각 기로 이동. 냉각기에서 굳은 초콜릿이 나오면 자 동적으로 몰드가 거꾸로 뒤집어지면서 초콜릿이

달그락하고 떨어져 나옵니다. 이때도 이물질이 섞 이지 않았는지 체크합니다. 그리고 중량이 맞는지 도 체크. 검품을 '이정도까지 하는 거야?' 라고 놀 라게 됩니다. 이 검품을 통과한 초콜릿은 다음의 포장을 위한 장소로 이동합니다.

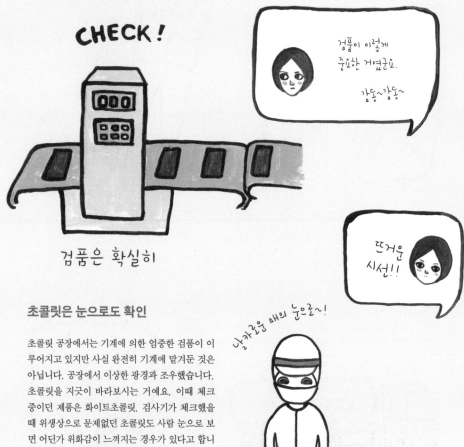

초콜릿은 눈으로도 확인

초콜릿 공장에서는 기계에 의한 엄중한 검품이 이 루어지고 있지만 사실 완전히 기계에 맡겨둔 것은 아닙니다. 공장에서 이상한 광경과 조우했습니다. 초콜릿을 지긋이 바라보시는 거예요. 이때 체크 중이던 제품은 화이트초콜릿. 검사기가 체크했을 때 위생상으로 문제없던 초콜릿도 사람 눈으로 보 면 어딘가 위화감이 느껴지는 경우가 있다고 합니 다. 그것을 확인하는 것은 역시 사람 눈이 아니면 불가능하다고. 날카롭게 초콜릿을 바라보는 모습 이 멋있었습니다.

1분 동안 무려 100장!

완성한 초콜릿은 포장하는 기계에 오르고 눈 깜짝할 사이에 한 장 한 장 포장 상자에 들어갑니다. 포장기계는 검품 기능도 겸비하고 있어서 여기서도 다시 검품. 1분간 약 100장의 초콜릿이 개별 포장됩니다. 정말 깜짝 놀란 것은 그 다음 단계에서 사람 손이 등장하기 때문입니다. 개별 포장된 초콜릿이 기계에서 나오면 공장 직원이 오른손으로 초콜릿을 턱 붙잡고 10장 들이 상자에 담습니다. 한 번에 10장을 정확하게 잡습니다. 뿐만 아니라 이때 손의 감촉으로 검품도 합니다. 어딘가 위화감이 느껴지는 것은 묶음에서 빼낸다고 합니다. 1분간 100장을 상자에 담는 기술을 어떻게 몸에 익히게 되었을까요. 6초마다 상자 한 개씩 포장하는 거죠. 참고로 집중력 유지를 위해 직원들이 한 시간씩 담당 부분을 교대하는 시스템입니다.

초콜릿 공장에 사랑을 느끼다

「공장 모에工場萌え」라는 단어가 있습니다. 콤비나트나 공장의 야간조명, 굴뚝, 배관 등의 중후한 구조미를 사랑하는 사람들과 그 아름다움을 사진으로 촬영하는 행위를 가리키는 말이라고 하죠. 하지만 초콜릿 공장을 견학하면서 다른 의미에서의 애정이라는 것을 느끼게 되었습니다. 공장에서 일하는 사람들의 숙련된 기술과 자신이 만든 제품을 향한 깊은 애정 말이죠. 매일 자신이 만든 초콜릿을 먹으며 그 어떤 고급 브랜드 초콜릿보다도 맛있다고 자랑스럽게 이야기합니다. 평소에는 마스크로 얼굴이 거의 가려져 있지만 초콜릿 이야기를 할 때면 상쾌하게 미소 띤 얼굴입니다. 멋있어요! 이것도 어떤 의미에서는 「공장 모에」가 아닐까요?

상투메 섬 [São Tomé Island]

아프리카, 기니 연안에 있는 작은 섬. 토지가 비옥하여 카카오 재배에 알맞기 때문에 초콜릿 아일랜드라고도 불린다. 카카오 이외에도 커피, 코프라 등의 곡물 재배가 이루어진다.

초콜릿
아일랜드

생 초콜릿

초콜릿에 생크림이나 양주 등을 반죽해 넣어 만든 가나슈 그 자체로 맛을 즐기는 유형을 의미. 부드러운 식감이 특징. 스위스의 명과「파베 드 주네브 Pavé De Genève」가 발상이며「생 초콜릿」이라는 형태는 일본에서 탄생했다. 주위를 초콜릿으로 코팅하지 않았기 때문에 보존기간이 짧은 점이「생生」이라는 감각을 주는 초콜릿이다.
→「가나슈」

샴페인 [Champagne]

샴페인과 초콜릿의 조합은 프랑스에서 매우 인기. 음료는 샴페인, 안주로는 초콜릿만 나오는 홈파티도 파리에서는 그리 드문 것이 아니라고 한다. 샴페인은 초콜릿과 함께 마시는 것뿐 아니라 봉봉을 만들 때 재료로 쓰이기도 한다. 샴페인이 들어간 초콜릿은 어른 취향의 초콜릿이 된다.

샴페인과
초콜릿의
Marriage~

샹티 오 쇼콜라
[Chantilly au chocolat]

초콜릿이 들어간 휘핑크림. 프랑스어로 휘핑 크림을 크레프 샹티Crème chanti라고 하는데, 이것은 프랑스의 샹티 성의 요리사였던 프랑수아 바테르François Vatel가 생크림에 설탕을 넣어서 거품을 낸 것을 발명한 데서 유래했다고 한다.

선물 [Present]

초콜릿을 선물할 때에는 메시지를 써넣거나 근사한 상자나 포장지로 포장하면 더 멋져 보인다. 시판되는 종이 상자에 마음에 드는 종이를 붙이거나 아크릴 물감으로 상자에 그림을 그리면 독창성도 살고 질감도 좋아진다.

마음을 전해요~ 카드로 Thank You

설탕 [雪糖, Sugar]

카카오와 설탕은 떨어트릴 수 없는 달콤한 관계. 설탕의 등장으로 인해 그때까지 쓴맛이 두드러지던 초콜릿 드링크가 달콤한 음료로 변신하여 유럽에 널리 퍼졌다. 또한 영국의 프라이Fry 사에서는 카카오 매스에 카카오 버터를 첨가함으로써 설탕을 쉽게 반죽해 넣을 수 있도록 만들었고 달콤하고 맛있는 고형 초콜릿을 만들 수 있었다. 건강이나 환경에 주의를 기울여 유기농 설탕이나 아가베 시럽Agave syrup, 멕시코 용설란 수액을 추출해서 졸인 시럽-역자 주 등을 사용한 초콜릿도 많이 등장하고 있다.
→「조지프 스토어즈 프라이」

세로토닌 [Serotonin]

뇌내 신경전달물질로 기분을 조절하는 작용이 있다. 초콜릿에는 이 세로토닌의 원료가 되는 트립토판Tryptophan이 함유되어 있기 때문에, 초콜릿을 먹으면 뇌 내에 세로토닌이 증가하면서 우울한 기분이 가벼워지거나 차분해진다고 한다.

셸초콜릿 [Shellchocolate]

초콜릿을 몰드에 짜넣어 바깥틀을 만들고, 그 안에 크림이나 잼, 견과류, 과일 등을 넣어 초콜릿으로 덮은 것. 참고로 조개 모양을 한 초콜릿은 시셸초콜릿이라고 부른다.

셸 / 시셸

솔리드초콜릿 [solid chocolate]

판 초콜릿으로 대표되는, 필링이 없는 순수 초콜릿.

쇼기 [将棋]

일본식 장기인 쇼기 기사는 단 것을 좋아하는 것 같다. 장기 연맹 공식사이트에는 타이틀전을 진행할 때의 식사와 간식이 소개되어 있는데, 초콜릿 케이크도 종종 등장하는 것을 볼 수 있다. 「1분 장기의 신」이라고 불리는 기사 가토 히후미加藤一二三 9단은 매일 2개의 판 초콜릿을 먹고 대국 중에는 10개를 먹은 적도 있다고 한다. 참고로 히후미 9단이 좋아하는 초콜릿은 메이지 제품이라고. 머리를 한참 쓰면 역시 초콜릿이 먹고 싶어지는 듯.

대국 중에 판 초콜릿을 10개씩이나?!

ㅅ

쇼콜라 [Chocolat]

프랑스어로 초콜릿을 의미한다.
→「초콜릿」

쇼콜라 블랑 [chocolat blanc]

프랑스어로 화이트초콜릿을 의미한다.
→「화이트초콜릿」

쇼콜라 쇼 [Chocolat chaud]

프랑스어로 핫 초콜릿을 의미한다.
→「초콜릿 드링크」

쇼콜라데 [Chocolade]

네덜란드어로 초콜릿을 의미
→「초콜릿」

CHOCOLADE

쇼콜라데 [Schokolade]

독일어로 초콜릿을 의미한다.
→「초콜릿」

SCHOKOLADE

쇼콜라트리
[Chocolaterie]

프랑스어로 초콜릿 전
문점을 의미한다.

초콜릿 전문점♥

쇼콜라티에 [Chocolatier]

프랑스어로 초콜릿 전문장인, 초
콜릿 전문점을 의미한다. 여성
장인의 경우 여성형의 쇼콜라티
에르Chocolatiére라고 부른다.

초콜릿
장인

쇼쿠라아토 [しょくらあと]

1797년의 일본은 쇄국 정책을 펼치고 있어 네덜란
드나 중국과 같은 외국과의 교역 창구는 나가사키
로 한정되어 있었는데, 재미있게도 나가사키에 있
는 기녀촌으로 알려진 마루야마마치丸山町, 요리
아이마치寄合町의 기록인「요리아이마치 제사서상
공장寄合町諸事書上控帳」에 초콜릿에 대한 기록이 남
아 있다. 네덜란드인이 귀국할 때 기녀 야마토지
大和路가 받았다고 신고한 물건 가운데「쇼쿠라아
토 6개しょくらあと 6つ」가 있는데, 이것이 일본 사
료에 등장한 최초의 초콜릿이다. 일단 여기서는
'여섯 개'라고 수를 적었는데, 신기한 것은 당시가
조지프 프라이가 고형 초콜릿을 발명한 1847년보
다 50년이나 앞선 시기였다는 것. 사실 이것은 먹
는 초콜릿이 탄생하기 이전 단계의 것으로, 녹여
서 마시기 위해 굳힌 초콜릿이다.「쇼쿠라아토」는
바로 그 음용 초콜릿을 표시한 것이라고 한다. 3
년 후인 1800년에는 히로카와 카이廣川獬가 쓴「나
가사키현문록長崎聞見錄」에는「네덜란드인이 가지
고 온 자양강장약으로, 무엇으로 만든 것인지는
모르겠지만 뜨거운 물에 잘라 넣어 계란 한 알과
설탕을 넣어 차처럼 마신다」(저자 의역)이라는 내
용이 기재되어 있다. 역시「쇼쿠라아토」는 마시는
초콜릿이었던 것이다. ※6

쇼팽 [Frédéric François Chopin]

1810~1849년, 「피아노의 시인」이라고 불리는 천
재 작곡가. 쇼팽의 창작 활동을 뒷받침해준 에너
지 드링크는 프랑스인 여류작가인 조르주 상드
George Sand가 만든 수제 핫 초콜릿이었다. 쇼팽의
재능에 반한 그녀는 섬세하고 병약한 연인을 위해
영양가 있는 핫 초콜릿을 만들어주었다고 한다.

수녀 [修女]

멕시코에서 포교활동을
하던 가톨릭 수녀들은 조
지프 프라이가 고형 초콜
릿을 발명하기 이전부터
초콜릿을 이용한 과자를
만들었다고 짐작된다. 그
리고 그 초콜릿 과자의
판매로 상당한 수익을
거두었다고.

수입자유화

1960년 일본에서의 카카오 빈과 카카오 버터의
수입이 자유화되었다. 이에 따라 다양한 일본제
초콜릿이 계속하여 탄생. 가격도 안정되어 초콜
릿은 아이부터 어른까지 모든 연령대의 사람에게
사랑받고 먹을 수 있는 과자로 보급되었다.

수입재개

1951년 일본에서는 수입외자자금할당제도에 의
해 태평양 전쟁 때부터 중지되어 있던 카카오 빈
의 수입이 재개. 국내에 걸친 초콜릿 생산이 순조
롭게 진행되기 시작했다. 덕분에 일본 초콜릿 메
이커의 다수가 다시 활기를 찾고 시장 수요도 늘
게 되었다.

수제작 [Home made]

과자나 초콜릿의 수제작에 자신이 없는 사람에게
추천하는 것이 시판되는 판 초콜릿을 녹여 틀에
녹여 굳히기만 하는 수제 초콜릿이다. 최근에는
염가 생활용품 매장에도 실리콘으로 만든 귀여운
틀이 여럿 갖춰져 있다. 보기 좋은 모양을 중시한
다면 냉동건조 과일을 뿌려넣는 것도 추천. 고급
스러운 느낌을 연출할 수 있다.

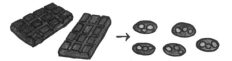

판 초콜릿을 녹이는 것도 OK

수족냉증 [手足冷症]

초콜릿에 함유된 테오브로민이나
폴리페놀에는 모세혈관의 흐름
을 좋아지게 하는 작용이 있
다. 그래서 초콜릿은 수족냉
증에 좋다는 설도 있지만,
초콜릿에는 신체를 차게
한다고 알려진 설탕도
함유되어 있기 때문에
초콜릿이 수족냉증의
대책이 될 수 있을지 여
부는 단언할 수 없다.

손발이 차고
저려요

수확

카카오 빈은 1년에 두 번의 사이클로 꽃이 피고 열매를 연 2회 수확할 수 있다. 나무 한 그루에서 5,000~15,000개의 꽃이 피지만 열매를 맺는 것은 70~300개. 꽃이 핀 후부터 숙성된 과일이 되기까지 약 5~6개월이 걸리며, 수확할 수 있는 것은 20~50개 정도다.

숨겨진 맛

초콜릿은 요리에 깊은 맛을 부여해주므로 숨겨진 맛을 내는 재료로 사용하는 것도 추천. 스튜나 카레는 물론 아니라 일식 요리에도 어울린다. 생선 비린내를 없애고 깊은 맛을 내고싶을 때, 오래된 초콜릿을 활용해보는 것은 어떨까?

맛에 깊이가...

ㅅ

슈가 블룸 [Sugar bloom]

초콜릿 표면에 하얀 반점이 생기는 현상. 초콜릿을 냉장고 등 낮은 온도의 장소에서 따뜻한 장소로 꺼내면 급격한 온도변화로 인해 표면에 물방울이 생기게 된다. 이 물방울이 초콜릿의 설탕을 흡착하고 수분이 증발하면 설탕만이 결정화되어 반점으로 남는다.
→「블룸 현상」

슈아절 프랄린 공작

[Cesar Gabriel de Choiseul, duc de Praslin]

1712~1785년. 프랑스 귀족으로 군인이자 대단한 미식가였다. 프랄린 공작을 섬기던 요리사가 고안한 견과류와 설탕을 가열하여 캐러멜로 만든 과자에 이름을 붙인 것이 프랄리네. 이것을 페이스트 형태로 만들어 초콜릿으로 코팅한 것이 장 노이하우스가 개발한「프랄린」이다.
→「프랄린」,「프랄리네」

스위트초콜릿 [Sweet chocolate]

이름은 '스위트'지만, '달콤한' 초콜릿이 아니라 실은「비터초콜릿」을 뜻하는 말. 유제품이 들어가지 않은 카카오 매스 40~60%의 초콜릿을 가리킨다. 일본에서는 카카오 함유율이 낮은 타입의「비터초콜릿」을 이렇게 부르는 경우가 많다.

스테아르산 [Stearic acid]

카카오 버터 지방분의 약 1/3은 스테아르산. 포화지방산으로, 혈중 콜레스테롤을 중성으로 만드는 작용을 한다.

스트레스 [Stress]

스트레스를 받을 때 초콜릿을 한 조각 먹으면 스위치를 전환한 것 같은 기분이 든 적 없으신지? 초콜릿의 맛이 좋기 때문이기도 하지만, 초콜릿에 풍부하게 함유된 가바GABA이나 테오브로민, 폴리페놀처럼 스트레스를 줄여주는 성분 덕분일지도 모른다.
→「가바」,「테오브로민」,「폴리페놀」

스프링글리 가문 [Sprüngli family]

스위스의 초기 초콜릿 역사를 3대에 걸쳐 세운 일가. 아버지인 다피트David는 1836년에 취리히 교외에 작은 콩피즈리Confiserie, 초콜릿 과자나 당과자 전문점을 개업 1845년부터 초콜릿 제조를 시작하여 아들 루돌프가 가게를 이어받았다. 루돌프의 장남 요한은 초콜릿 제조업의 후계자가 되어 경영을 확대. 콘칭 기술을 발명한 로돌프 린트의 공장과 제조법을 사들이면서 회사명을 「린트&스프링글리 초콜릿 주식회사Lindt & Sprüngli AG」로 고치고 세계적으로 유명해진 린트의 초석을 다졌다. 차남 다피트 로베르트는 콩피즈리를 이어받았으며, 지금도 「콩피즈리 스프링글리」는 스위스에서 과자점을 운영하고 있다.
→「린트」, 「로돌프 린트」

슬라이스 생 초콜릿
[スライス生チョコレート]

일본의 제과회사 주식회사 부르봉株式会社ブルボン에서 출시한 두께 2mm 시트형 초콜릿. 색만 제외하면 슬라이스 치즈와 비슷한 모습이다. 빵에 올리거나 크래커 사이에 끼워 먹고, 돌돌 말거나 다른 재료를 감싸고 모양 틀로 찍는 등 여러 가지 방법으로 쉽게 사용할 수 있는데, 맛만큼은 확실한 초콜릿이다.

습도 [濕度]

사실 초콜릿은 습기에 약하다. 수분이 섞이면 부드러운 식감이 사라지고 서걱서걱한 식감으로 변한다.

습기는 NG

시가렛 초콜릿 [Chocolate cigarettes]

담배 모양을 한 초콜릿. 시가Cigar 형태도 있다. 전 세계적으로 금연을 권장하는 경향이 있기 때문인지 일본에서는 더 이상 만들지 않게 되었다고 한다. 시가렛 초콜릿에는 의미가 하나 더 있는데, 템퍼링한 초콜릿을 널빤지에 넓게 발라 한 번 냉각시킨 후에 팔레트로 데굴데굴 굴려 시가렛과 같은 모양으로 만든 것을 가리킨다. 주로 케이크 장식 등에 사용된다.

담배처럼 입에 물고 즐길 수 있지.

시로이코이비토 [白い恋人]

랑그드샤Langue de chat라는 쿠키에 초콜릿을 샌드한 과자로, 홋카이도를 대표하는 제품. 시로이코이비토의 사각형 캔은 만듦새가 견고해서인지 아니면 복고적인 분위기가 매력적이어서인지, 좀 멋을 부리는 이들의 벼룩시장에 가면 이 상자를 금고 대신 사용하는 사람이 많다.

홋카이도 명물

시로이코이비토 파크

홋카이도 삿포로시에 있는 과자 테마 파크. 초콜
릿 과자인 「시로이코이비토」의 공장 견학이나, 19
세기 영국 초콜릿 공장의 모습을 투시화로 재현
한 초코 타임 터널, 초콜릿 컵 컬렉션, 옛 초콜릿
패키지 전시 등을 볼 수 있다. 겨울의 일루미네이
션이 아름다운 것으로도 유명한 데이트 장소다.
→「이시야 제과」,「시로이코이비토」

사진 제공 : 이시야 제과

식이섬유 [食餌纖維, Dietary fiber]

카카오 매스 성분 가운데 무려 약 17%가 식이섬
유. 카카오 빈에는 네 종류의 식이섬유가 함유되
어 있는데 그 중에도 정장작용이 있는 성분 리그
닌Lignin이 52.9%를 차지한다. 그래서 초콜릿이
변비에 좋다고 알려지기도 했다.

식초

식초 전문점 「오크스하트」의 디저트 비니거(과즙
을 발효시킨 식초를 사용한 상품)에는 겨
울 한정으로 「마시는 초콜릿 맛 식초」라
는 제품이 등장한다. 초콜릿 자체를 녹
인 것이 아니라 향기를 입힌 식초로 베
이스는 라즈베리 발효 식초다. 물이
나 우유로 희석해서 먹으면 맛있다.
식초와 초콜릿의 결합이라는 의외의
조합이 특징.

초콜릿 풍미가
느껴지는 식초

단일 품종인
카카오 빈

싱글 빈 [Single beans]

단일 품종의 카카오 빈을 의미. 싱글 빈 초콜릿이
라고 말하는 경우는 단일품종의 카카오 빈으로 만
들어진 초콜릿을 가리킨다. 와인으로 비유하면 예
컨대 「카베르네 소비뇽 100%」라고 말하는 것과
비슷하다. 한편, 초콜릿은 일반적으로 여러 카카
오 빈을 블렌딩해서 만들어진다.

싱글 오리진 / 싱글 에스테이트
[Single origin / Single estate]

싱글 오리진은 특정 국가에서 생산되는 카카오 빈
으로만 만들어지는 초콜릿을 의미한다. 와인으로
예를 들면 「프랑스산 와인」. 싱글 에스테이트는
특정 지역에서 생산된 카카오로만 만들어지는 초
콜릿. 와인으로 예를 들면 「보르도산 와인」.

쓰다 우메코 [津田梅子]

1864-1929. 일본 여성 교육의
선구자로 쓰다주쿠대학津田塾
大学의 설립자. 여섯 살때
이와쿠라 사절단과 동행
하여 1871년부터 미국과
유럽 각국을 돌았는데, 이때 사
절단과 함께 프랑스의 초콜릿 공
장을 견학했는지의 여부는 불
명이나, 일본인 소녀로서는
최초로 해외에서 초콜릿을
먹어보았을 가능성은 높아보
인다.

초콜릿을 최초로 먹은
일본인 소녀

「100% ChocolateCafe.」에서 배워보는

산지에 따른 맛의 차이

맛에 고집이 있는 메이커나 쇼콜라티에들은 「○○산 카카오 ○%」라고 표시된 초콜릿을 팔고 있습니다. 카카오 산지에 따라 초콜릿의 맛은 얼마나 달라질까요. 22종류의 산지별 싱글빈 초콜릿을 갖추고 있는 카페 「100%ChocolateCafe.」에서 이야기를 들어보았습니다.

카카오 매스의 맛을 결정짓는 것은?

초콜릿 원료가 되는 것은 카카오 매스. 그 맛을 결정하는 데에는 세 가지 포인트가 있다고 합니다. ① 카카오 빈의 종류. ② 토양, 즉 산지. 같은 품종이라도 토양이 지닌 성분에 따라 카카오 빈의 맛이 달라집니다. ③ 산지의 발효 환경. 이것은 발효에 따라 향기의 전구물질이 생기기 때문이라고 합니다. 전구물질 자체에는 향이 없지만 일본에 도착한 이후 로스팅 과정을 거치면서 향이 발현됩니다. 발효에 걸리는 시간이나 혼합 방법에 따라서도 맛이 크게 변합니다. 더구나 발효는 공기 중이나 바나나 잎, 발효용 상자에 있는 균처럼 어디에나 있는 상재균에 의해 변화하므로 산지에 따라 맛이 달라지는 것은 당연한 일이죠.

게다가 품종과 산지가 같은 카카오 빈이라도 로스팅 방법, 카카오 매스와 카카오 버터, 설탕의 배합률, 콘칭에 걸리는 시간 등의 요소에 의해 초콜릿 맛이 크게 달라집니다.
「100%ChocolateCafe.」의 싱글빈 초콜릿은 카카오 빈의 개성과 매력을 끌어내기 위해 독자적인 시점에서 연구하여 만든 제품으로, 다른 쇼콜라티에는 또 다른 시각에서 다른 개성을 끌어낼지 모릅니다. 따라서 여기 기재한 산지별 맛의 특징은 「100%ChocolateCafe.」가 끌어낸 개성들입니다.
초콜릿의 개성은 정말 심오해요!

「100%ChocolateCafe.」는 이런 곳!

산지에 따른 맛의 차이를 고민하는 「100%ChocolateCafe.」는 주식회사 메이지의 안테나 숍입니다.

초콜릿 애호가가 모이는 카페

도쿄 메트로 교바시京橋 역에서 도보로 1분, 주식회사 메이지 본사 건물 1층에 있는 「100%ChocolateCafe.」여성 손님이 많을 거라고 생각하고 있었는데, 실제로는 남성 손님도 제법 많았습니다. 게다가 오리지널 초콜릿 스위츠까지 제대로 주문해서 즐기는 모습. 여기에서 꼭 비교해서 먹어보고 싶었던 것은 「3종 테이스팅 쇼콜라 드링크」. 초콜릿 맛의 차이는 마셨을 때 더 쉽게 알 수 있다고 하며, 추운 계절에는 뜨겁게, 더운 계절에는 아이스로 나옵니다.

(왼쪽) 100%ChocolateCafe.의 매장 내 천장에 주목! 놀랍게도 판 초콜릿을 본뜬 디자인을 하고 있다.
(오른쪽) 추천 메뉴는 매일 아침 점포에서 반죽해서 만드는 「초코로네」 주문할 때 좋아하는 크림을 고르면 그 자리에서 속을 채워줍니다.

[교바시본점]
도쿄도 주오구 교바시 2-4-16 메이지교바시빌딩 1층
東京都中央区京橋2-4-16明治京橋ビル1F
TEL：03-73-3184

산지별 맛의 특징

「100%ChocolateCafe.」의 싱글빈 초콜릿은 22종류. 카카오 산지의 차이를 순수하게 비교할 수 있도록 모든 종류가 동일한 배합(카카오 성분 62%)으로 제조됩니다.

Africa

코트디부아르

부드러운 쓴맛으로 밸런스가 잘 맞는 맛. 땅콩 같은 고소한 여운.

우간다

딱 좋은 쓴맛과 신맛의 밸런스에. 품질 좋은 홍차 같은 달콤한 향기가 매력.

가나

상쾌한 씁쓸함과 고소함의 밸런스가 발군인 스탠다드 수입되는 카카오빈의 70%를 차지한다.

탄자니아

건과나 레드와인 같은 향과 산미가 특징. 감칠맛 있는 상쾌한 뒷맛.

마다가스카르

상쾌한 산미와 과일이나 꽃 같은 향이 겹겹이 포개진, 화려하며 여성적인 향.

상투메

강력한 산미 뒤에 상쾌한 씁쓸함이 있으며, 과일이나 허브 같은 향이 포개지는 중후한 맛

Hawaii

하와이

과일 같은 산미와 상쾌한 향이 퍼지는 균형이 잘 잡힌 카카오 느낌이 특징

싱글빈뿐만 아니라 유럽, 일본 등 토지의 특색을 활용한 맛이나 초콜릿이 걸어온 역사를 전해주는 맛 등 모두 조합하면 56종류의 초콜릿이 구비되어 있다.

초콜릿 드링크라면 맛의 개성을 더욱 알 수 있다.

Caribbean

도미니카 공화국

볶은 땅콩 같은 로스팅 향과 농후한 감칠맛. 밸런스가 좋은 쌉쌀함과 산미.

트리니다드 토바고

땅콩, 커피, 건포도를 연상시키는 향이 퍼진다. 균형 잡힌 맛.

SoutheastAsia

자바

향초香草와 같은 산미. 캐러멜 같은 달콤한 향이 퍼지는 상쾌한 쓴맛과 떫은 맛.

발리

땅콩 같은 고소함과 감칠맛. 여운이 희미한 쓴맛이 퍼진다.

술라웨시

적당한 쓴맛 안에 흑설탕 같은 감칠맛. 땅콩이나 커피 같은 향이 특징

Latin America

추아오

과일, 꽃, 와인 같은 풍부하고 달콤한 향기와 상쾌한 산미가 풍부한 맛.

수르 델 라고

볶은 땅콩 같은 로스팅 향과 농후한 감칠맛. 쓴맛, 떫은 맛. 신맛의 밸런스가 절묘.

베네수엘라 안데스

적당한 쓴맛과 땅콩 같은 고소함 뒤에 화사한 향기와 상쾌한 떫은맛이 퍼진다.

멕시코

산뜻한 산미와 강렬한 쌉싸래함. 과일의 껍질 같은 풍미와 순한 향의 고소함.

에쿠아도르

아리바 종 특유의 꽃향기. 재스민 같은 향기에 쌉싸래한 맛이 악센트.

코스타리카

땅콩이나 커피 같은 고소한 향이 퍼지며 감칠맛이 돈다.

페루

꽃처럼 화사한 향과 와인비네거와 같은 산미와 감칠맛.

콜롬비아

와인처럼 농후한 향과 과일 같은 느낌의 산미. 뒤에 느껴지는 쌉싸래함이 악센트.

브라질

빨간 과일 같은 달콤한 향. 건과와 비슷한 산미와 감칠맛.

그레나다

부드러운 산미와 쓴맛이 퍼지며 나무껍질이나 담배와 비슷한 미미한 향이 남성적.

아이들도 시음을 해보고 있었어요.

이게 더 달콤한가?

아
—

아세트산 발효/젖산 발효
[Acetic acid fermentation/Lactic acid fermentation]

「알코올 발효」가 끝난 카카오 빈을 여러 번 섞어서 효소를 발생시킨다. 거기에 발효가 진행되면 초산균이나 젖산균이 활발하게 작용하여 알코올이 초산으로 바뀐다. 당분, 알코올, 초산이 카카오 빈에 침투하여 최종적으로 아미노산 성분이 늘어난다. 이것이 발효의 제2단계인 「아세트산 발효/젖산 발효」이다.
→ 「알코올 발효」, 「발효」

아연 [Zn, Zinc]

피부나 점막의 유지와 미각에 깊이 연관된 미네랄 성분. 카카오 빈 100g에는 아연 5.4mg%가 함유되어 있다. [※3]

아이스크림 [Ice cream]

초콜릿 아이스크림도 각양각색. 초코를 반죽한 것과 초콜릿을 뿌린 것, 초콜릿 소스를 얹은 것, 민트풍미의 아이스크림에 초코칩을 넣은 초코민트 아이스 등 정말 다양하다.

다양한 종류의 아이스크림

아즈텍 문명 [Aztecan civilization]

초콜릿의 고향이라고 불리는 메소아메리카의 아스텍인들이 14~15세기에 멕시코 중앙부 고원지대에 세운 문명. 지금의 멕시코시티에 해당하는 테노치티틀란Tenochtitlan을 수도로 마야 문명을 비롯한 고도 문명을 계승했다. 카카오 빈을 약이나 자양강장효과가 있는 음료로 귀하게 여겨 신에게 바치는 공물로 썼으며 화폐로 유통하기도 했다. 소작료로 카카오 빈을 바치는 경우도 있었다고 한다.
→ 「에르난 코르테스」, 「케찰코아틀 신」, 「나우아틀어」, 「메소아메리카」

아쿠타가와 제과 [芥川製菓]

창업 1886년의 노포 제과점. 1891년에는 도쿄 긴자 1번가에 '아쿠타가와쇼후도'라는 이름으로 가게를 열었다. 일본 초콜릿의 여명기인 1914년에 초콜릿 제조를 개시. 지금은 밸런타인데이나 화이트데이, 크리스마스, 할로윈 등의 행사용 상품 이외에도 제과재료나 타사 브랜드와의 제휴 등 폭넓게 사업을 전개하여 업계에서 널리 알려진 회사이다. 오리지널 상품은 1년에 걸쳐 직영점이나 온라인 매장에서 구입할 수 있다. 오른쪽 그림은 긴자에서 닌교초人形町 스이텐구水天宮로 이전한 1907년경에 그려진 것이다.

둘다 아폴로~

아폴로 [Apollo]

1969년 아폴로11호가 인류 최초로 달 표면에 착
륙 성공한 해에 탄생한 메이지 초콜릿. 삼각형 모
양은 아폴로 11호를 본떠 만들었다고 한다. 참고
로 메이지가 '아폴로'를 과자 이름으로 등록한 것
은 1966년으로, 그리스 신화의 태양신인 아폴론
에서 유래했다. 우주선 '아폴로'의 이름이 세상에
알려진 시기보다 3년이나 앞선 일이다.
→「기노코노야마」

안 도트리슈 [Anne D'Autriche]

1601-1666년. 스페인 왕
펠리페 3세의 딸로,
프랑스 왕 루이 13세
의 왕비이자 루이 14
세의 어머니이다. 그
녀가 프랑스 왕가로
시집오면서 프랑스
로 초콜릿을 가져
왔다고 전해진다.

결혼과 함께 초콜릿도 전했느니라~

안티에이징

카카오에 함유된 폴리페놀의 작용으로 골다공증
이나 피부 탄력, 모발 건강의 개선을 기대할 수 있
을까? 가능하다는 보고가 있다. 아직 연구 단계인
듯하지만, 카카오 함량이 높은 초콜릿을 매일 일
정량을 계속 먹으면 그
런 효과를 기대할 수 있
다고 한다. 단, 많은 양
을 한꺼번에 먹는 것이
아니라 일정량을 꾸준
히 먹는 것이 좋다고.
※9

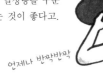

언제나 반짝반짝

알칼리 처리

초콜릿이 우유나 물과 쉽게 섞일 수 있도록 카
카오 빈을 알칼리용액으로 처리하는 과정. 더칭
Dutching, Dutch process라고도 부른다. 이 과정을
통해 초콜릿의 산미가 부드러워지고 풍미가 순해
진다. 1828년에 판 하우턴이 발명했다. 카카오 매
스에서 카카오 버터를 빼내 카카오파우더를 만드
는 방법을 발명한 것과 함께 초콜릿 관련 4대 발
명의 하나로 일컬어진다.
→「판 하우턴」, 「4대 발명」, 「더칭」

알코올 발효

카카오포드에서 빼낸 카카오 빈을 발효시키는 최
초 단계. 콩이 공기와 닿지 않도록 바나나잎으로
감싸거나 나무 상자에 넣어 1~2일간 발효시켜 두
면 천연 효모가 작용하여 펄프 안의 당분이 알콜
로 변하는데, 이것이 발효의 첫 단계인 '알코올 발
효'이다.
→「발효」, 「아세트산 발효/젖산발효」

앙리 네슬레 [Henri Nestlé]

1814-1890년. 스위스의 약사이자 네슬레 사의 창
업자. 그는 당시 높았던 영유아의 사망률을 개선
하기 위해 1867년 분유 제조법을 발명
했다. 같은 마을 브베Vevey에 살면
서 초콜릿 제조법을 연구하던 다
니엘 페터에게 분유의 사용을
권하였으며 그 결과 1875년 세
계 최초로 밀크초콜릿이 탄생
했다. ※1
→「다니엘 페터」,
「4대 발명」

밀크초콜릿의
탄생을 도왔지

애스키노지 [Askinosie]

창업자 숀 애스키노지가 직접 카카오 농가에서 카카오 빈을 매입하여 미국 미주리 주에 있는 자가 공장에서 싱글 오리진 초콜릿을 생산하는 「빈 투 바」 초콜릿 제조사.

애완견 장난감

개에게 초콜릿을 먹여서는 안 되지만, 개가 가지고 놀 수 있는 장난감 중에는 귀엽고 맛있어 보이는 초콜릿 케이크나 초콜릿 도넛 모양도 있다. 이런 장난감이라면 아무리 씹어도 괜찮다.

맛있어 보인다
멍!

애완견용 초콜릿

개는 카카오에 함유된 테오브로민에 중독을 일으키기 때문에 진짜 초콜릿은 먹을 수 없다. 매년 밸런타인데이 전후로 잠깐 한 눈 판 사이에 개가 초콜릿에 중독되는 사고가 급증하니 주의하자! 하지만 개도 먹을 수 있는 초콜릿 풍의 간식이 있다. 카카오나 설탕 대신 콩과의 식물인 캐럽을 사용한 케이크 풍의 과자나 카카오 버터를 뺀 화이트초코 등.

안심하고
먹을수 있다
멍!

애완동물과 초콜릿 알레르기

개나 고양이 등 애완동물은 초콜릿에 함유된 테오브로민을 분해할 수 없기 때문에 초콜릿을 잘못 먹으면 알레르기 증상을 일으켜 최악의 경우 죽음에 이를 가능성도 있다. 「우리집 개는 초콜릿을 좋아해서 먹고도 아무렇지 않던 걸요?」라고 말하는 주인도 드물게 있지만 알레르기 증상의 경중에는 개체 간 차이가 크며, 체중에 따라서도 다르다. 잘못하여 애완동물이 초콜릿을 먹게 되는 일을 피하기 위해서라도, 초콜릿 보관에는 주의를 기울이도록 하자.

야마모토 나오즈미 [山本直純]

1932-2002년. 일본의 지휘자, 작곡가. 1967년, 모리나가 엘 초콜릿의 CM송 「큰 것은 좋은 것이다 大きいことはおおことだ」를 작곡하고 직접 CM에도 출연. 후지산을 배경으로 기구에 타고 지휘하는 모습은 무척 임팩트가 있었다.

큰 것은 좋은 것이다~♪

약 [藥]

초콜릿은 옛날부터 자양강장효과가 있고, 위장을 평온하게 해주며 염증을 억제하고 해열효과가 있는 만능약이라고 여겨졌다. 초콜릿 발상지인 메소아메리카에서는 카카오를 마시면 뱀에 물려도 죽지 않는다며 독소를 없애주는 효과도 있다고 믿었다. 먹고 마시는 외에도 카카오 버터를 좌약 기제 基劑나 연고로 사용했다.

약국 [藥局]

나라에 따라 조금씩 차이가 있었으나 유럽의 경우, 처음에는 초콜릿을 약국에서 취급했다고 한다. 1857년에 벨기에 브뤼셀에서 「노이하우스」가 개업했을 당시, 초콜릿의 원료 카카오는 약과 마찬가지로 약사가 취급하고 있었기에 과자점이 아니라 약사가 있는 미세에 놓여 있었다. 점주인 노이하우스도 약제사였으며 약과 과자 양쪽을 취급하는 가게였기에 초콜릿을 약으로서 판매하는 것뿐만 아니라 적극적으로 새로운 레시피를 고안하여 기호품으로서 가치를 높여갔다. 스위스 베른 출신인 로돌프 린트의 본가도 약국으로, 그의 형도 약사였다.

→「노이하우스」, 「장 노이하우스」

초콜릿도 약이었지

에르난 코르테스 [Hernán Cortés]

1485-1547년. 스페인의 탐험가이며 콩키스타도르Conquistador. 멕시코를 정복한 후 아즈텍 수도 테노치티틀란(현재의 멕시코시티)에 이르렀다. 일반적으로는 그가 카카오를 스페인에 가지고 돌아와 카를로스 1세에게 바친 것을 계기로 초콜릿이 유럽에 널리 퍼지게 되었다고 알려져 있다. ※1

→ 케찰코아틀 신

conquistador~!

에멀전 [Emulsion, 乳化]

일본에서는 '에멀전'이라고 부르는 방식이 일반적이다. 원래 상태에서는 서로 섞이지 않는 수분과 유지 등의 액체를 서로 잘 교반하여 혼합 상태로 만드는 것. 초콜릿을 만들 때 카카오 매스, 카카오 버터, 설탕, 유제품 등이 잘 유화되도록 레시틴 등의 유화제를 첨가하는 경우가 있다.

진~득~

에이징 (숙성) [Aging, 熟成]

포장이 끝난 초콜릿의 품질을 안정시키기 위해 온도나 습도를 조절한 창고 안에 일정기간 숙성시키는 과정. 초콜릿 종류나 성분에 따라 에이징이 필요한 것과 그대로 출하해도 문제 없는 것이 있다고 한다.

에자키 글리코 주식회사

[江崎グリコ株式会社]

일본을 대표하는 제과회사 가운데 하나로, 1922년 개업. 캐러멜이나 비스킷으로 알려져 있었으나 1958년에 캐러멜에 들어간 아몬드를 활용하여 「아몬드 초콜릿」을 발매했다. 1966년에는 「포키Pocky」를 발매. 아몬드를 통째로 넣거나, 손으로 쥘 곳을 만드는 등 새로운 시각으로 창의적인 연구 결과를 반영한 초콜릿을 만들고 있다. 카카오에 함유된 아미노산에 주목한 초콜릿 「GABA」도 제조하고 있다.

→ 포키 초콜릿, 가바

おいしさと健康
A WHOLESOME LIFE IN THE BEST OF TASTE
グリコ

에크 추아 신 [Ek Chuaj]

마야인들이 섬기던 카카오 재배자의 수호신

수
호
신

에클레어 [Éclair]

'번개'라는 의미의 프랑스 전통과자. 길고 가는 모양의 구운 슈 생지 안에 휘핑크림이나 커스터드 크림을 짜 넣은 뒤 표면에 초콜릿이 들어간 퐁당 Fondant을 얹은 것.
→ 퐁당

가늘고 길~지롱~

엔로브드 초콜릿 [Enrobed chocolate]

엔로브는 「감싼다」라는 의미. 웨이퍼나 비스킷 등을 초콜릿으로 코팅한 것을 가리킨다.

BA-SAK BA-SAK

엘리자베트 황후 [Elisabeth Amalie Eugenie]

1837-1898년. 오스트리아 헝가리 제국의 황제 프란츠 요제프의 황후. 미인으로 유명하다. 디저트를 좋아했는데, 특히 진한 초콜릿 케이크인 자허토르테를 좋아했다. 오스트리아 국립공문서관에서는 현재도 엘리자베트 황후 앞으로 발행된 자허토르테 영수증을 소장하고 있다고 한다. 키 172cm, 허리 50cm로 매우 날씬한 몸매였으며, 이 체형을 유지하기 위해 당시로서는 획기적이라 할 식이요법과 운동에 힘썼다고 한다. 하지만 자허토르테만큼은 포기할 수 없었던 듯하다. ※5

다이어트 중에도 초콜릿은 포기할 수 없었답니다.

여드름

초콜릿을 먹으면 여드름이 생긴다는 말이 있다. 원래 여드름은 피지선에서 나온 지방이 모공을 막아 피부가 염증으로 부푼 상태를 말한다. 특히 호르몬 밸런스가 무너지기 쉬운 사춘기에 잘 생기지만 초콜릿과는 직접적으로 관계가 없다고 한다. 식욕이 왕성하고 초콜릿도 많이 먹고 싶어하는 어른들에게도 잘 생기므로 여드름과 관련짓는 것일지도 모른다.

관계 있는 거야?!

여러 가지 초콜릿 케이크

초콜릿을 반죽이나 크림에 사용한 케이크는 세계적으로 여러 종류가 있다. 프랑스에서는 「가토 쇼콜라」나 「오페라」, 크리스마스 케이크로 알려준 「뷔시 드 노엘」이 유명하다. 오스트리아는 「자허토르테」. 「저먼 케이크」는 독일 케이크가 아니라 미국의 새뮤얼 저먼Samuel German이 고안한 것으로 초콜릿 스폰지 케이크에 생크림을 끼워 코코넛 필링을 바른 케이크이다. 독일에는 유명한 「슈바르츠벨더 키르슈토르테Schwarzwälder Kirschtorte, 검은 숲의 키르슈케이크」가 있으며, 일본에서는 프랑스어인 「포레 누아르」라는 이름으로 더욱 친숙하다. 미국에서는 이외에도 농후한 초콜릿 맛에 손으로

집어 먹을 수 있는 「초콜릿 브라우니」나 초콜릿이 듬뿍 들어가서 겉으로 보기에 새까만 「데블즈 케이크」도 있다.

브라우니

저먼 케이크

데블즈 케이크

예수회 [Societas Iesu]

1540년에 스페인의 수도사 성 이그나티우스 데 로욜라Ignatius de Loyola가 창설한 가톨릭 수도회. 전 세계로 적극적으로 포교활동을 펼치는 한편, 카카오무역에도 관여했다고 한다.

오가닉 초콜릿 [organic chocolate]

일본에서 근년 들어 눈에 띄고 있는 것이 바로 오가닉(유기농) 초콜릿. 재료인 카카오, 설탕을 모두 유기농으로 재배하고 첨가물을 넣지 않으며 유통 과정까지 철저하게 관리하는 것이 특징이다.

認定機関名

유기농 인증기관에 따라 마크가 달라진다.

먹다 보면 중독되는 맛

오가타 마유미 [小方真弓]

초콜릿 원료인 양질의 카카오를 찾아 세계를 여행하는 카카오 헌터®. 남미와 일본을 본거지로 여러 카카오 프로젝트에 참가하면서, 품종 발굴이나 카카오 빈과 초콜릿의 개발에 힘쓰고 있다. 2015년에는 인터내셔널 초콜릿 어워드 2015 세계대회 마이크로배치 플레인/오리진 초콜릿 부문에서 오가타 씨가 콜롬비아의 아르아코족과 협력하여 생산한 초콜릿이 금상을 수상했다.

카카오 헌터

오랑제트 [Orangette]

설탕에 절인 오렌지 껍질을 막대 형태로 썰어 초콜릿으로 코팅한 것. 원형으로 얇게 썰어 설탕에 절인 오렌지에 코팅하여 만드는 것도 있다.

오를레앙 공 루이 필리프 2세
[Louis Philippe II]

1674-1723년. 프랑스 귀족 가문인 부르봉 오를레앙 가문의 역대 수장 가운데 한 명. 숙부뻘인 루이 14세가 죽고 아직 다섯 살이었던 루이 15세를 대신해 정치를 맡았던 당시, 커피는 아직 희귀했기 때문에 초콜릿이 음료로서 널리 음용되었다고 한다. 프랑스인의 초콜릿 음용의 보급은 그 시대에 이미 시작되었던 것이다.

오리진 카카오 [Origin Cacao]

→「싱글 오리진 / 싱글 에스테이트」

오쿠보 도시미치
[大久保利通]

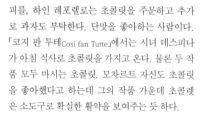

1830-1878년. 사쓰마의 무사이자 일본 정치가. 1971년부터 이와쿠라 도모미가 이끄는 사절단의 일원으로 유럽과 아메리카 대륙의 여러 국가를 방문했으며 프랑스의 리용에서 초콜릿을 먹었다고 한다.

오페라 [Opéra]

모차르트의 오페라에는 초콜릿이 등장한다.「돈 조반니Don Giovanni」에서 돈 조반니는 커피를, 하인 레포렐로는 초콜릿을 주문하고 추가로 과자도 부탁한다. 단맛을 좋아하는 사람이다.「코지 판 투테Cosi fan Tutte」에서는 시녀 데스피나가 아침 식사로 초콜릿을 가지고 온다. 물론 두 작품 모두 마시는 초콜릿. 모차르트 자신도 초콜릿을 좋아했다고 하는데 그의 작품 가운데 초콜릿은 소도구로 확실한 활약을 보여주는 듯 하다.

오페라 [Opéra]

파리에서 탄생한 과자. 아몬드 파우더로 만든 조콩드Joconde 생지와 커피 풍미의 버터크림, 초콜릿 가나슈가 층을 이루고, 표면이 초콜릿으로 코팅된 초콜릿 케이크다.

옥살산
[Oxalic acid]

옥살산은 시금치에 함유된 성분으로 대략으로 지나치게 많이 섭취하면 결석의 원인이 된다고 알려져 있지만 실은 초콜릿에도 함유되어 있다. 신경이 쓰인다면, 우유와 함께 섭취하거나 먹는 양을 조절하는 것이 좋을지도?

온도 [Temperature]

초콜릿에 함유된 카카오 버터는 융점이 32℃전후. 체온에 가까운 온도에서 급속도로 융해되는 특성 때문에 입안에서 부드럽게 녹는다. 보존에는 18~22℃ 정도의 온도가 적당하다.

온천 [温泉]

카카오나무는 적도의 북위남위 20도 전후에서만 자란다고 알려져 있으나, 이즈에서 도쿄대학 수예연구소와 메리초콜릿이 협력하여 온천 열을 이용한 일본산 카카오 재배를 연구하고 있다. 원천에서 끌어온 90℃의 온천수가 온실 내부를 순환하도록 하여 카카오 재배에 적당한 환경을 갖추도록 한 것이다. 이 카카오는「도쿄대학수예연구소산 카카오(통칭〈らべるカカオ)」라는 상품명을 달고 2016년에 기간한정 판매된 바 있다.
→「메리초콜릿」

올레산 [Oleic acid]

카카오 버터 지방분의 양 1/3은 올레산으로, 불포화지방산 중에서도 가장 산패 속도가 더디기 때문에 활성산소가 일으키는 동맥경화, 고혈압, 심장질환 등의 생활습관병을 예방하는 성분으로 주목받고 있다.

올리브 모양의 초콜릿

올리브 열매와 꼭 닮은 모양을 한 초콜릿이 있다. 올리브 열매를 그대로 초콜릿 코팅한 것이나 아몬드 초콜릿에 설탕 코팅을 입혀 겉모습만 올리브와 유사하게 만든 것 등 다양한 맛이 있다.

올멕 문명
[Olmec civilization]

거석문명

기원전 1200년경부터 기원전후까지 멕시코 남부 저지대의 삼림지대에서 번성한 문명. 카카오를 가공하여 최초로 이용한 것은 올멕인이라는 설도 있다. 거석문명으로 알려져 있다.

와인 셀러 [Wine cellar]

초콜릿을 보존하는 데 16~22℃의 상온이 최적이지만 여름에는 그 환경을 만들기 어렵다. 안의 온도가 지나치게 낮은 냉장고보다 와인 보존에 적합한 16℃ 전후를 유지하는 와인셀러가 초콜릿에도 잘 맞는다. 집에 와인셀러가 있는 분은 이용해보면 좋을 것이다. 단, 초콜릿은 습기를 싫어하기 때문에 냉장고에 보존하는 경우와 마찬가지로 알루미늄 호일로 감싸고 지퍼달린 비닐봉지나 용기에 넣어 밀폐한 뒤에 셀러에 넣을 것.
→「보존 방법」, 「와인과의 공통점」

와인과의 공통점

초콜릿과 와인에는 의외의 공통점이 있다.
① 폴리페놀. 항산화작용이 있는 성분으로 알려져 있는데 와인과 카카오에 모두 풍부하게 함유되어 있다. ② 보존 방법. 본래 초콜릿 보전에 적당한 온도는 16~22℃의 상온이다. 그래서 여름철에는 온도가 낮은 냉장고보다 실내 온도가 12~15℃ 정도로 안정되어 있는 와인 셀러가 보존에 적합하다. ③ 테이스팅. 맛이나 향기의 표현법은 와인의 테이스팅과 비슷하다.
→「폴리페놀」, 「보존 방법」, 「와인셀러」, 「칼럼: 초콜릿 테이스팅을 아시나요?」

와인과 초콜릿은 어딘가 닮았어요

왕후귀족의 음료

초콜릿은 매우 귀한 음식이었기 때문에 유럽에 전해진 이후에도 왕후귀족만이 마실 수 있었다. 특히 프랑스에서는 루이 14세가 다비드 샤이유David Chaillou라는 정상政商에게 국내 초콜릿 전매권을 내주었으며, 1680년경까지는 귀족계급과 성직자만이 초콜릿을 즐길 수 있었다. 한편 영국은 사정이 조금 달라서, 같은 시기 카카오 재배가 번성했던 자메이카를 스페인에게서 빼앗아 카카오 공급원을 확보할 수 있었다. 그 결과 돈만 내면 신분과 상관없이 초콜릿을 마실 수 있었다. 하지만 영국에서도 초콜릿이 귀한 것은 마찬가지여서 일반인이 가볍게 즐길 수 있게 된 것은 한참 뒤의 일이었다.
→「루이 14세」, 「메소아메리카」

맛이 좋아요~

요네즈후게쓰도 [米津風月堂]

1878년 현재의 「도쿄후게쓰도」의 전신 「요네즈후게쓰도」가 일본 최초로 초콜릿 가공, 제조판매를 시작했다. 이 사실은 1878년 12월 21일자 「우편보지신문」에 「과자포, 와카마쓰초의 후게쓰도에서는 옛 서양과자를 제작하여 세간의 칭찬을 받으며 한층 더 힘을 내어 이번에 쇼콜라트를 새로 만드니 한 종류의 우아미가 있다. 이것도 대평판」이라고 소개되었다. 그리고 「가나요미신문」, 「우편보지신문」에 「貯古齡糖」, 「猪口令糖」이라는 음차한자어로 광고를 냈다. 그렇지만 당시는 원료인 초콜릿을 수입하고 있어서 단가가 비싸고 일반대중은 좀처럼 손을 뻗을 수 없는 귀중한 제품이었다고 한다. 사진은 메이지 11년(1878) 「가나요미신문かなよみ新聞」에 게재된 광고.
→「한자」

메이지 11년(1878)
12월 24일자 「가나요미신문」

우주식
[宇宙食, Space food]

우주로 가는 초콜릿!

초콜릿은 우주식으로도 선택되었다. 제2차 세계대전 중에 개발된 「허쉬 트로피컬 바」는 1971년 아폴로 15호의 우주식으로 채택되었고 「M&M's」는 1982년에 우주왕복선의 첫 우주비행 당시 우주식으로 선택된 바 있다.

위스키 [Whiskey]

위스키와 초콜릿은 무척 잘 어울리는 궁합으로, 위스키가 지닌 진한 향과 자연스러운 단 맛이 초콜릿의 특징과 잘 어우러진다. 초콜릿을 안주로 먹어도 좋지만, 위스키 봉봉처럼 초콜릿과 하나로 합친 과자도 별미라 할 수 있다.
→「위스키봉봉」

어른이
즐기는 방식

위스키봉봉 [Whiskey bonbon]

위스키를 섞은 퐁당을 초콜릿으로 코팅한 것, 혹은 거기에 초콜릿을 다시 코팅한 것. 일본에서는 1910~20년대에 곤차로프Goncharoff에서 처음 제조했다고 한다.
→「곤차로프」, 「퐁당」

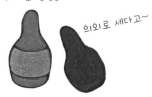
의외로 세다고~

위조화폐

메소아메리카(중미에 걸친 고대문명권)에서는 마야 시대부터 카카오 빈이 법정화폐로서 사용되었다. 그래서 점토나 돌에 색을 입혀 가짜 카카오를 만들었던 듯 하며, 유적에서도 가짜 카카오가 출토되고 있다. 점토 카카오는 초콜릿이 될 수 없는 법.
→「메소아메리카」

 = money

은박지

초콜릿을 은박지로 포장하게 된 데에는 이유가 있다. 먼저 은박지의 차광성. 다음으로 초콜릿에 함유된 유지의 산화 방지. 은박지는 수분이나 공기가 통하기 어려운 성질이 있어 초콜릿의 향이 밖으로 날아가지 않도록 하고 외부의 향이 들어오는 것도 차단한다. 또한 초콜릿에 꼬이는 벌레를 물리적으로 차단할 수 있는 방충효과도 있다. 여기에 더하여 은박지는 감쌀 때 구긴 자국이 쉽게 생겨서 딱 맞게 포장할 수 있기 때문에 먹다 만 초콜릿도 잘 감쌀 수 있고 벗기기 쉽다는 특징이 있다. 포장재질도 시대와 함께 발전했는데, 「메이지 밀크초콜릿」이나 「모리나가 밀크초콜릿」의 경우, 발매 당시에는 은박지였지만 지금은 알루미늄박에 수지를 코팅한 재료를 사용하여 품질을 오래 유지하는 연구를 하고 있다고 한다. 집에서 초콜릿을 보존할 때 알루미늄 호일을 잘 이용해보자.

은박지로
오래오래
보존...

의리 초코

밸런타인데이에 애정표시가 아니라 의리로 주는 초콜릿을 의미. 평소 신세를 지고 있다는 감사의 마음을 담아 전하는 경우도 자주 있다.
→「칼럼: 밸런타인데이와 초콜릿」,「진심 초코」

이시야 제과 [石屋製菓]

1947년 홋카이도에서 창업한 노포 제과 메이커. 홋카이도의 명과로 알려진 초콜릿 과자 「시로이코이비토白い恋人」를 만들고 있다. 과자 테마 파크 「시로이코이비토 파크」도 운영하고 있다
→「시로이코이비토」,「시로이코이비토 파크」

이에이리 레오 [家入レオ]

이에이리 레오의 「초콜릿」은 달기만한 초콜릿과 쓰기만한 초콜릿, 달콤쌉사름한 초콜릿을 노래한 애절한 사랑노래다.

이와쿠라 도모미 [岩倉具視]

1825-1883년. 일본 정치가. 메이지유신 이후 외무부 장관에 해당하는 외무대신에 취임했다. 1871년부터 이와쿠라 사절단을 인솔하여 유럽과 미주 대륙의 여러 국가를 방문했다. 일행이 프랑스 리용에서 초콜릿을 먹고 공장을 견학한 사실이 기록에 남아 있다.

프랑스에서
초콜릿 공장 견학

이치카와 곤 [市川崑]

1915-2008년. 단맛을 좋아한 영화감독. 메이지의 「마블 초콜릿マーブルチョコレート」을 늘 애용하던 「KON」이라는 로고가 붙은 오리지널 유리잔에 담아 먹었다.

오리지널 유리잔에 초콜릿

일본 최초의 판 초콜릿

1909년 모리나가 서양과자제조소(나중의 모리나가제과)가 일본 최초의 판 초콜릿을 발매했다. 그러나 이 제1호는 외국제 비터초콜릿을 원료로 만든 것으로 매우 비쌌다고 한다.

일본주

의외지만 일본주의 안주로도 초콜릿이 잘 어울린다. 최근에는 봉봉 등의 초콜릿 재료로 일본주나 소주를 사용하는 것도 만들어지고 있다고 한다.

의외로 잘 어울리네?!

일본 초콜릿·코코아 협회
[日本チョコレート・ココア協会]

일본의 초콜릿 코코아의 제조자 단체로 1952년에 설립되었다. 초콜릿 코코아의 보급을 위한 광고활동이나 심포지움의 개최, 원재료에 관련된 대처나 정보 수집·조사나 정보제공, 국제기관과의 연대 등에 관련된 활동을 시행하고 있다.

잇스파칼라틀 [Itzpacalatl]

아즈텍에서 산 제물로 바쳐진 사람의 심장을 도려내기 직전에 마시도록 했다고 전해지는 음료. 초콜릿과 사람의 피를 섞은 음료로, 길고 가는 잔에 담았다고 한다. 초콜릿 음료인 것은 분명한데…. ※1
→「초콜릿 음료」

피?!

작은 지원이 큰 힘으로

500엔의 초콜릿이 이어주는 인연

이라크, 시리아, 후쿠시마의 아이들의 목숨을 보호하는「초코 모금」
아이들도 할 수 있는 지원의 형태

* IS로부터 막 해방된 땅에서. IS와 이라크 군의 전투로 마을이 파괴되었습니다. 2015년 말의 상태.

* 대량의 열화우라늄탄이 사용된 바그다드 근교의 마을에서 백혈병에 걸린 아이들과 지역 스태프.

* 눈 수술을 받은 후의 사브린(왼쪽)

초코 모금이란?

2006년부터 시작되어 매년 시행되고 있는 겨울 한정 모금 캠페인입니다.
이런 활동에 쓰입니다.
1. 이라크의 소아암 환아의 치료지원.
2. 시리아 난민, 이라크 국내 피난민 지원.
3. 후쿠시마 아이들을 방사능으로부터 지키는 활동. 주최 측은 의사인 가마타 미노루鎌田實가 대표로 있는「일본 이라크 치료지원 네트워크(JIM-NET)」. 1991년 걸프전쟁 이후 이라크에서 계속 증가한 암이나 백혈병 아동들의 치료지원을 시행하기 위해 의사나 의료지원을 하고 있는 NGO가 연대하여 세운 네트워크입니다.
그 활동을 뒷받침하는 지원 중 하나가「초코 모금」. 2006년에 시작되었고 2011년부터는 후쿠시마 아이들을 지키는 활동을 하고 있으며, 또한 2012년부터는 시리아 내전에서 고통 받는 임산부 지원에도 사용되고 있습니다.

구성은?

한 사람당 500엔의 모금으로 작은 캔에 든 초콜릿을 하나 받을 수 있습니다.
초콜릿 한 캔의 원가(약 100엔)을 뺀 금액이 지원에 할당됩니다.「모금한다」고 생각하면 왠지 쑥스럽게 느껴지는 사람이라도「500엔에 초콜릿을 하나 산다」는 가벼운 마음으로 참가할 수 있습니다.

귀여운 그림은 누가 그릴까?

캔에는 귀여운 그림이 그려져 있는데 이 그림은 이라크에서 현재 암으로 투병 중인 아이들이 그린 것. 그림을 그린 아이들 사진과 짤막한 이야기도 공개되어 있습니다.
계기는 이라크의 사브린이라는 여자아이였습니다. 그녀는 암으로 인해 한쪽 눈을 잃었는데 그림을 무척 잘 그려서 밝고 즐거운 그림을 여럿 그렸습니다. 그것을 캔에 인쇄하자 반응이 뜨거웠습니다.
사브린은 애석하게도 15살로 세상을 떠나고 말았지만, 그녀는 자기 그림이 다른 사람에게 도움을 주고 있다는 기쁨에 감사했다고 합니다.

가난과 병마에 시달
리는 중에도 사브린
이 그린 그림은 보는
사람들에게 밝고 행
복한 기분을 느끼게
해줍니다. 여기 소개
된 작품은 모두 초콜
릿 캔에 사용된 그림
입니다.

어떤 초콜릿?

초콜릿은 홋카이도의 「롯카테이六花亭」가 제조합
니다. 한 캔에 작은 하트 모양 초콜릿이 10개(밀크
4개, 모카화이트 4개, 화이트 2개).
초코모금에는 매년 주제가 있습니다. 2015-2016
년의 테마는 「생명의 꽃 Part 2 Chocolate for
Peace」이었습니다. 패키지는 이라크 아이들이 뽑
아 그림으로 그린 엉겅퀴, 병솔나무, 포인세티아,
수선화의 네 종류. 캔은 다 먹고 난 후에 작은 보
석 상자로 사용하여 오래 즐길 수 있습니다.
이벤트 장소나 웹사이트에서 선정할 수 있으나 겨
울 한정이어서 매년 11월부터 1월까지 3개월 기간
동안 진행되고 종료됩니다.
올해야말로 꼭 참가하고 싶은 분은 아래 웹사이트
를 방문하시길.

http://jim-net.org/choco/

자·차

자동판매기

「메이지 밀크초콜릿」은 「밀
크캐러멜」, 「초콜릿캐러멜」
등과 함께 1931년 일본 최
초의 과자 자동판매기에서
판매되었고 인기를 끌었다.
설치된 것은 현재의 JR선에 해당하는 도쿄 내성선
의 각 역이었다.

자허토르테 [Sachertorte]

오스트리아를 대표하는 초콜릿 케이크. 1832년
에 프란츠 자허Franz Sacher가 만들었다고 알려져
있다. 살구잼을 덧바른 스폰지 케이크를 초콜릿
을 바른 퐁당(크림상태로 만든 당의)로 코팅한 것
으로, 설탕을 첨가하지 않은 생크림을 더해 먹는
다. 엘리자베트 황후가 좋아했던 음식으로도 유
명하다.
→「엘리자베트 황후」

잔두야 [Gianduja]

로스팅한 헤이즐넛 페이스트(아몬드나 드물지만
호두가 들어간 것도 있다)와 초콜릿, 설탕, 카카오
버터를 섞어 만든 것. 견과류 향이 강하고 감칠맛
있는 부드러운 초콜릿 중에 하나. 봉봉 쇼콜라의
필링 등 제과용 재료로 사용된다. 제2차 세계대전
의 발발로 카카오 입수가 어려워지자 이탈리아에
서 풍부하게 수확되는 헤이즐넛을 섞어 넣어
대용으로 쓴 것이 그 시작이었다고 한다.
→「카파렐」

장 노이하우스 [Jean Neuhaus]

벨기에의 초콜릿 전문점 노이하우스의 3대. 1912
년, 견과류에 조청을 발라 페이스트 형태로 만든
필링을 초콜릿으로 코팅한 프랄린을 출시했다. 또
한 중량으로 파는 초콜릿을 담는 상자 「발로탱」은
발레리나이기도 했던 그의 부인 루이즈가 고안했
다고 한다.
→「노이하우스」, 「발로탱」, 「프랄린」, 「슈아절 프
랄린 공작」

장 에티엔 리오타르 [Jean-Étienne Liotard]

1702-1789년. 스위스 태생의 화가로, 그가 그린
「초콜릿을 나르는 여인」은 가장 유명한 초콜릿 관
련 회화 작품이 아닐까? 그 외에도 초콜릿을 마시
는 젊은 부인상이나 어린 마리 앙투아네트의 초상
화를 그리기도 했다.
→「회화」

헤이즐넛이 듬뿍

장수 [長壽]

역사상 가장 장수한 사람으로 기록된 프랑스의 잔느 칼망Jeanne-Louise Calment 씨(1875-1997년)는 122세까지 살았는데 초콜릿을 매우 좋아해서 일주일 동안 약 1kg나 먹었다고 하며, 세계에서 세 번째로 장수한 미국의 사라 나우스Sarah Knauss 씨(1880-1999년)는 119세까지 살았는데, 그녀 역시 초콜릿을 매우 좋아했다고 전해진다. 장수 상위 세 명 중 두 명이 초콜릿을 좋아했다니, 그저 우연일까? '장수하기 위해 초콜릿을 먹자'라며 정정당당하게 먹고 싶은 기분이다.

적도 [赤道]

카카오 재배가 가능한 토지는 적도를 사이에 두고 북위 남위 20도 이내라고 알려져 있다. 확실히 34쪽의 지도상으로 보면 카카오 산지는 적도 부근에 집중되어 있다.

전사 시트

카카오 버터나 식물성 유지에 색을 입힌 것으로 모양이 그려진 데코레이션 시트. 템퍼링을 한 초콜릿이나 코팅초콜릿에 붙여서 도안을 전사한다. 데코레이션 펜이나 코르네와 달리 평평하면서 섬세한 모양을 입힐 수 있다.

조지프 스토어즈 프라이
[Joseph Storrs Fry]

1826-1913년. 초콜릿 제조회사 J. S. 프라이 앤드 선즈사의 4대 경영자. 프라이 사는 그의 지휘 아래 1847년에 딱딱한 카카오 매스에 카카오 버터를 첨가함으로써 설탕을 쉽게 반죽할 수 있게 만들어 달콤하고 맛있는 고형 초콜릿 제조법을 개발했다. 이것은 초콜릿의 4대 발명 중 하나다. 이렇게 만들어진 판 초콜릿은 프랑스어로 「(깨물어)먹는 맛있는 초콜릿」이라는 의미의 「쇼콜라 델리뒤아 망제Chocolat delicieux a manger」라는 이름을 붙여 1849년에 발매되었다.
→「4대 발명」

조터 [Zotter]

오스트리아의 빈투바 초콜릿 메이커. 창업자 조터 Josef Zotter 씨의 모토는 BIO&FAIR. 모든 제품에 유기농 원료만을 사용하며, 카카오도 설탕도 공정무역 생산품. 백설탕은 절대 쓰지 않으며, 싱글 빈 하이카카오 제품이나 비건을 위한 제품, 로 초콜릿Raw cocolate 등이 충실하게 갖춰져 있다.
(※EU 유기농 인증)
→「빈투바」

좌약

카카오 버터는 상온에서 보존할 수 있으며 체온에서 녹는 성질이 있어서 좌약의 기제로도 사용된다.
→「카카오 버터」

사람의 체온에서 녹아요

주식회사 메이지 [株式会社 明治]

1906년에 기원이 되는「메이지 제당」이 창설되었고 1916년에는「메이지 제과」의 전신인「도쿄과자」가 시작되었다. 1926년에 스테디셀러가 된「메이지 밀크초콜릿」의 판매를 개시했다.「메이지제과」와「메이지유업」의 사업개편에 따라 2011년부터 회사명을「주식회사 메이지」로 바꾸었다.

중독 [中毒]

초콜릿 중독이라는 말을 들어본 적 없으신지? 초콜릿뿐만이 아니라 기호품은 일반적으로 의존성이 있다. 특히 인간은 당분이나 유지가 많이 함유된 식품을 좋아하는 경향이 있는데, 초콜릿은 그 둘 모두에 속한다. 또 초콜릿 향이나 테오브로민은 뇌에 자극을 주어 만족감이나 행복감, 휴식감을 준다고 하는데 과하게 섭취하는 것은 역시 피하는 것이 좋지 않을까?

지비에 [Gibier]

사냥으로 포획한 야생 동물의 고기. 지비에 요리는 축산 육류와 비교 했을 때, 독특하면서도 강렬한 풍미가 있다고 알려져 있으나, 초콜릿과의 상성은 그야말로 발군! 초콜릿 소스와 조합하면 부드러우면서도 감칠맛이 난다. 그러고 보니 아즈텍에서는 카카오 빈이 사람의 심장, 카카오로 만든 음료는 사람의 피를 상징했다고 하는데, 그런 의미에서 피와 초콜릿의 관계는 매우 깊다 하겠다.

야성의 맛

진심 초코

「의리 초코」의 반대말. 상대를 짝사랑하는 상태에서 진심 초코를 선물하는 경우 손수 만든 초콜릿이 보다 마음을 잘 전하는지 여부는 불분명. 참고로 마음이 잘 전해지는 것은「얼마만큼의 진심인지가 전달됨」이라는 뜻이지, 그것만으로 서로의 마음이 이어지는 것은 아니라는 것을 명심하도록.
→「칼럼: 밸런타인데이와 초콜릿」,「의리 초코」,「수제」

참포라도 [Champorado]

필리핀 요리로, 푹 끓인 참쌀에 초콜릿 드링크를 섞은 달콤한 초콜릿 죽이다. 동결건조한 인스턴 트 식품으로도 만들어져 있어서 아침식사로 쉽게 먹을 수 있다. 쌀과 카카오파우더, 물을 함께 삶는 것만으로 만들 수 있다. 설탕을 조금 많이 넣으면 디저트와 같은 느낌이 더욱 살아난다.

→「참푸라도」(음료)

초콜릿 + 참쌀

참푸라도 [Champurrado]

멕시코의 초콜릿 드링크. 옥수수 가루와 흑설탕을 뜨거운 물에 녹인 아톨레Atole라는 걸쭉한 음료에 초콜릿을 첨가한 것. 손쉽게 영양을 섭취할 수 있 어서 멕시코에서는 아침 식사 대신으로 마시는 경 우도 많다고 한다. 필리핀에는 참쌀과 초콜릿으로 만든「참포라도」라는 죽이 있다.

→「참포라도」

철분 [Iron]

체내의 철분은 미네랄 성분의 하나로 대부분이 혈 액 안의 적혈구를 만드는 헤모글로빈이 된다. 헤 모글로빈은 산소와 결합하여 폐에서 산소를 몸 전 체로 보내는 작용을 한다. 카카오 빈 100g에는 철 분이 4.2mg% 함유되어 있다. [※2]

체스 [Chess]

장기와 마찬가지로 머리를 많이 사용하는 체스. 뇌에서 소비되는 에너지를 보충하기 위해 대국 중 에 먹는 간식으로는 역시 초콜릿이 제일이라는 것 일까? 참고로 어떤 호텔에는 초콜릿으로 만든 체 스 말과 체스 판이 있는데 선물로도 딱 어울린다.

걸쭉한 질감

맛있어 보이는걸?

한 개 10엔! 용돈으로 살 수 있었던 초콜릿

어린이의 편 「티롤 초코」의 역사

한입 크기로 인기를 끈 「티롤 초코」의 역사를 조사해 보았습니다.

세 개의 봉우리에서 납작한 판 모양으로

마쓰오 제과 주식회사가 「티롤Tirol, チロル」이라는
브랜드명으로 1962년에 발매한 초콜릿. 당시의
어린이가 용돈으로 살 수 있도록 한 개 10엔의 가
격으로 출시되었습니다. 원래 모양은 세 개의 봉
우리가 있는 바 형태로, 시대가 흐르면서 20엔, 30
엔으로 가격 인상이 이루어졌지만, 「역시 티롤은
10엔이 아니면 안 되지」라는 목소리가 많아 그 가
격을 맞추기 위해, 1979년에 원래의 1/3 크기로
제품 형상을 변경, 현재와 같은 판 모양의 10엔짜
리 티롤 초코로 다시 태어났습니다.

초대 3개 봉우리 티롤 초코

20엔 사이즈   10엔 사이즈

30mm   30mm   25mm   25mm

10엔 사이즈와 20엔 사이즈의 크기 차이

편의점에서 살 수 있는 20엔 사이즈

다만 현재는 10엔 사이즈의 티롤 초코를 낱개로
판매하지 않습니다 이유는 편의점으로 판로를 넓
힐 때 너무 크기가 작아서 바코드를 인쇄할 수 없
었기에 바코드에 대응할 수 있는 크기로 변경했기
때문으로, 이에 따라 가격도 20엔이 되었답니다.
하지만 10엔 사이즈도 아직 건재하며, 봉투나 상
자에 담아 구입할 수 있다고 하네요.

복각판 세 봉우리 티롤 초코(밀크 누가 맛)

콜라보로 유니크한 초콜릿이 속속 등장

또한 티롤 초코는 다른 제과메이커와의 콜라보레
이션도 하고 있습니다.
콜라보의 형식은 다양한데, 인기 캐릭터가 등장하
는 경우에는 그 캐릭터를 패키지에 곁들인 티롤
초코가 판매되고 상대 메이커로부터는 티롤 초코
를 디자인한 제품이 판매된답니다.

또한 원료 콜라보라는 스타일도 있는데, 이것은
원료 초콜릿을 콜라보할 대상 메이커로부터 제공
받는 방식으로, 패키지에 상대메이커의 로고가 들
어간 티롤 초코가 발매된다고 합니다.
앞으로도 티롤만의 유니크한 콜라보 상품의 등장
이 기대되네요!

자신만의 오리지널 패키지가 생긴다.

티롤로 「DECO 초코」

「DECO 초코」
(http://www.decocho.com/)

★ 데코 초코는 주식회사 MAC스타일이 운영하는 웹 서비스로, 오리지널 그림이나 텍스트를 티롤초코의 패키지에 인쇄, 세상에 단 하나뿐인 오리지널 포장이 된 티롤초코를 만들 수 있다. 한 세트 45개 들이 2,916엔(부가세 포함, 배송료 별도)

「DECO 초코DECOチョコ」라는 사이트에서는 티롤 초코 패키지에 사진이나 그림을 프린트하여 자신만의 오리지널 티롤 초코를 만들 수 있습니다. 참고로 데코 초코는 편의점 등에서 낱개로 판매되는 20엔 사이즈! 저 리카코도 도전해 보았답니다.

1 그림 준비하기

일러스트나 사진을 준비합시다. DE-CO 초코는 정사각형이므로 그림도 정사각형으로 트리밍할 수 있는 것이 좋지요. 그림은 한 가지 패턴, 혹은 세 가지 패턴으로 만들 수 있으며, 이번에는 세 가지 패턴으로 만들 수 있도록 일러스트를 준비했습니다.

음, 좋아 좋아

사이트의 안내대로…

2 「DECO 초코」사이트에 접속

사이트 안내에 따라 그림을 포맷에 맞춥니다. 자기 취향대로 액자틀을 넣거나 문자를 얹을 수도 있는데, 완성일은 공방 출하 예정일이 화면에 표시되므로 이것을 기준으로 삼도록 합니다. 회원으로 등록하면 같은 DECO 초코를 다시 주문할 수도 있다네요.

이런 패키지로 도착합니다

3 오리지널 DECO 초코가 도착

두근대는 마음으로 기다리고 있으면 이윽고 DECO 초코가 도착! 가게에서 파는 제품처럼 깔끔한 마무리입니다. 게다가 나만의 오리지널이라니 기분도 최고. 파티할 때 나눠주거나 선물을 해도 다들 좋아하지 않을까요? 왜냐하면 안에 진짜 티롤 초코가 들었으니 말이죠!

이런 식으로 자기가 좋아하는 상자에 담아서 선물해도 귀엽죠 ☆ 45개나 있으니 여러 사람에게 조금씩 나눠주는 것도 가능. 결혼식의 하객 답례품으로도 인기라고 합니다.

초코라테 [Chocolate]

스페인어로 초콜릿을 의미. 유럽에서 가장 일찍 초콜릿이 전해진 나라는 스페인인데, 스페인어로 「초코라테」라는 단어가 생긴 것은 1570~1580년경 으로 여겨진다. 그리고 초콜릿 자체가 다른 나라 로 전해짐과 동시에 이름도 각 나라의 단어로 조 금씩 다른 모양으로 전파되었다.
→「초콜릿」

☺HOCOLATE

초코라토 [Cioccolato]

이탈리아어로 초콜릿을 의미한다.
→「초콜릿」

☺IO☺☺OLATO

초코맥주

'초코'맥주라고 부르지만 초콜릿이나 카카오 빈을 원료로 사용한 것은 아니다. 보통은 85℃정도로 로스팅한 맥아를 약 160℃라는 고온에서 타기 직 전까지 로스팅하여 쌉쌀한 초콜릿 풍미로 만들고, 그것을 원료로 만든 맥주를 초코맥주라고 이름 붙 였다고 한다. 장크트 갈렌Sankt Gallen이라는 일본 의 맥주 제조사가 밸런타인 시즌 한정으로 판매. 다양한 맛의 맥주가 있다고 한다.

진짜로 초콜릿이 들어있는 건 아녜요~

초코바

초콜릿으로 전면을 코팅한 기둥모양의 과자. 웨이퍼가 샌드되거나, 캐 러멜, 누가, 견과류, 곡류 가 들어간 것 등 종 류가 다양하다.

코팅되어 있다.

초코밥 [チョコごはん]

일본의 제과업체 롯데가 제안한, 초콜릿을 사용한 요리의 이름.
롯데 홈페이지에 레시피도 공개되어 있다.
http://www.lotte.co.jp/products/brand/ghana/gohan/vol1.html

소스에 초콜릿을 첨가하기도~

초코볼 [チョコボール]

인기 캐릭터 쿄로짱キョロちゃん으로 알려진 모리 나가제과의 과자. 1965년에 「초콜릿볼チョコレート ボール」이라는 이름으로 출시되었으며, 1967년 에 오리지널 캐릭터 「쿄로짱」이 등 장, 1969년에 「초코볼」로 상품 명을 바꾸었다. 맛은 땅콩과 캐러멜, 딸기가 기본 구성인 데, 계절이나 시대에 따라 바나나, 카페오레 등 여러 가지 맛도 등장했다.

キョロちゃん TM

초코에몬 [チョコえもん]

미야기현 야마자키초 하세쿠라 지구 출신인 하세쿠라 쓰네나가를 모티브로 한 지역 캐릭터. 하세쿠라 쓰네나가가 일본인 최초로 초콜릿을 마셨다는 설이 있어서 이 캐릭터가 탄생했다고 한다. 쓰네나가의 본명 「로쿠에몬」과 초코를 섞어서 지은 이름. 개를 캐릭터로 삼은 것은 쓰네나가의 초상에 개가 그려져 있기 때문이며, 나이는 400세 이상이라고.

→「하세쿠라 쓰네나가」

야마자키초 관광 홍보 캐릭터 초코에몬

초코코르네 [Choco cornet]

빵 반죽을 원뿔 모양으로 말아서 구운 것에 초콜릿 크림을 짜 넣은 빵. 초콜릿을 빵 반죽으로로 감싼 다음 굽는 「팽 오 쇼콜라Pain au chocolat」 등과 달리 초콜릿 부분은 가열되지 않기 때문에 신선한 초콜릿의 식감을 즐길 수 있다. 일본에서는 초코 코로네 チョココロネ라고 도 부른다.

→「코르네」

코르네라고도 하고
코로네라고도 하지요

초콜릿 [chocolate]

초콜릿이라는 명칭으로 불리는 제품은 현재 국제규격 및 일본국내에 걸친 규격으로 기준이 정해져 있다. 분유 등 유제품을 더한 것은 밀크초콜릿이라고 부른다. 카카오 버터 대신 식물성 유지나 유화제를 첨가한 것도 있다. 줄여서 초코라고도 부른다.

→「국내에 적용되는 초콜릿 규격」,「초콜릿의 국제규격」,「4대 발명」,「밀크초콜릿」

초콜릿 거리

초콜릿 거리라고 들으면 어떤 거리가 떠오르는가. 일본이라면 고베나 긴자라고 답하는 사람도 있겠지만, 세계적으로는 벨기에의 브뤼셀이나 브뤼헤가 유명하다. 거리 여기저기에 유명한 쇼콜라티에가 처마를 잇고 있어 역시 초콜릿의 거리라고 말할 만한 장소. 파리도 개성적인 쇼콜라티에가 곳곳에 있는 초콜릿의 거리. 파리에 본거지를 둔 일본 쇼콜라티에도 늘고 있다. 그리고 이탈리아의 토리노. 이탈리아에 잘 알려진 헤이즐넛 초콜릿도 많이 있지만 이 거리의 명물은 비체린Bicerin이라는 초콜릿 드링크. 초콜릿 위에 에스프레소, 그 위에 크림을 올린 것으로 쓴 맛이 특징이다.

→「비체린」

Chocolate Town

초콜릿 그림

데코레이션 펜이나 코르네, 이쑤시개 등을 사용하여 초콜릿으로 그린 그림을 의미. 쿠킹 시트가 있으면 밑그림을 베껴 그릴 수도 있다. 케이크 장식으로 그려도 귀엽고, 그 자체로도 물론 귀엽다.
→「데코레이션 펜」

~초콜릿 그림을 그려보자!~

여기에서는 데코레이션 펜을 이용해서 그림 그리는 법을 소개한다. 그리기 전에 데코레이션 펜 속을 그리기 쉬운 온도(※)로 만들어두는 것이 포인트.

(※패키지에 적힌 지정 온도. 기준은 50℃정도다.)

~초콜릿 그림 그리기~

ㅊ

3

면적이 좁은 부분부터 색을 각각 칠한다.

↓

4

한 장으로 이어지도록 윤곽선까지 확실하게 덮어서 칠한다.

↓

1

먼저 쿠킹 시트에 밑그림을 그린다.

2

쿠킹 시트를 뒤집어서 초콜릿으로 윤곽선을 덧그린다.

5

다 굳어지면 시트에서 떼어내어 완성!

차가워도 뜨거워도 맛있어!

초콜릿 국제 규격

코덱스 규격주)에서는 초콜릿은 총카카오 고형분 35% 이상, 그 중에서 카카오 버터 18% 이상, 무지방 카카오 고형분 14% 이상을 함유하지 않으면 안된다. 초콜릿 원료로 사용되는 커버추어 초콜릿에 대해서는 더욱 엄격한 기준이 있어 총 카카오 고형분이 35% 이상, 그 가운데 카카오 버터 31% 이상, 무지방 카카오 고형분 2.5% 이상으로 카카오 버터 이외의 대용 유지의 사용불가(5% 미만까지는 가능)이라고 정해져 있다.

→「커버추어」

주)「코덱스 규격Codex Alimentarius」: 1962년에 UN의 전문기관인 FAO유엔식량농업기구와 WHO세계보건기구가 합동으로, 소비자의 건강보호나 공정한 식품무역의 확보를 목적으로 만든 국제 식품 규격.

초콜릿 낭종

난소에 피가 고이는 부인과 증상. 정식 명칭은 자궁내막증Endometriosis으로, 오래되어 타르처럼 검게 변한 피가 녹인 초콜릿처럼 보인다 하여「초콜릿 낭종」라는 이름이 붙었다고 한다.

초콜릿 도넛 [Chocolate doughnut]

반죽에 초콜릿을 넣거나 위에 얹은 도넛. 도넛 중에서도 특히 달콤한 빵이다.
「초콜렛 도넛Any Day Now」이라는 제목의 영화도 있다.

도넛~!

초콜릿 드링크 [Chocolate drink]

데운 우유나 생크림으로 초콜릿을 녹여 기호에 따라 설탕 등을 첨가한 음료. 따뜻한 음료는 핫 초콜릿, 프랑스어로는 쇼콜라 쇼라고 부른다. 시나몬이나 육두구, 칠리페퍼 등의 스파이스를 첨가해도 맛있다. 초콜릿을 녹인 다음에 식힌 음료는 아이스 초콜릿 드링크, 콜드 초콜릿 드링크 등으로 불린다.

초콜릿 리커 [Chocolate liquor]

카카오리커
→「카카오리커」

초콜릿 멜터 [Chocolate melter]

초콜릿용 용해기, 보온기. 초콜릿 전문점 등에서 하루에 대량의 초콜릿을 사용할 경우 온도조절기가 달려 온도설정이 가능한 이 기계에 넣어두면 자동적으로 초콜릿을 녹이고 일정 온도로 유지시킬 수 있다. 건식 타입은 뜨거운 물을 받아둘 필요가 없어 초콜릿에 물이 들어갈 걱정도 없다.

30.0

차

대단히 편리해요~

초콜릿바

판형 혹은 스틱형의 초콜릿.

초콜릿 색

초콜릿처럼 어두운 갈색을 의미. 18세기 전반 영어 문헌에서 이미 초콜릿이 색깔 이름으로 사용되었다고 한다. 미국 화가 알버트 먼셀에 의해 고안된 색상, 명도, 채도로 색채를 표시하는 먼셀 컬러 시스템에서는 초콜릿 색은 「8.8R 2.4/5.2」라고 정해져있다. 화구의 색이름에 초콜릿이라고 이름 붙여진 것도 있으나 실제 초콜릿보다는 붉은 기가 강한 편이다. 또한 치와와나 닥스훈트 등의 몸통 색을 초콜릿 탠(통칭 초코탠), 초콜릿 크림이라고 불리는 경우가 있으며, 이런 색의 개가 인기인지 가격도 높은 편이다.

초콜릿 스낵

스낵이나 비스킷에 초콜릿을 얹거나 반죽해 넣은 초콜릿 과자. 만드는 방법이나 조합법에 의해 종류가 다양하다. 소금기가 있는 과자와 초콜릿이 합체한 과자는 먹기 시작하면 멈출수 없는 것이 많다.

자꾸만 손이 가는 맛

초콜릿의 일본 국내규격

ㅊ

일본에서는 초콜릿류의 표시에 대해 공정거래위원회의 인정을 받은 「초콜릿 류의 표시에 관한 공정경쟁규약」이 설정되어 있다. 이 규약에서는 초콜릿, 준초콜릿, 카카오파우더 등의 초콜릿 류에 대해 정의가 내려져 있으며 국내에서 일반소비자에게 판매하는 초콜릿 류의 표시에 대해 적용된다. 이 표시규약에서는 초콜릿 및 준초콜릿의 생지는 표처럼 다섯 종류로 분류되어 있다.

구분	성분			
초콜릿 생지 (기준타입)	카카오분[주1] 35% 이상 (카카오 버터 최소 18% 이상)	지방분[주2]	유고형분 임의 (유지방 비율 임의)	수분3%이하
초콜릿 생지 (카카오분 대신에 유제품을 사용한 타입)	카카오분 21% 이상 (카카오 버터 최소 18% 이상)	지방분	유고형분 카카오분과 합하여 35% 이상 (유지방 최소 3% 이상)	수분3%이하
초콜릿 생지 (밀크초콜릿 생지)	카카오분 21%이상 (카카오 버터 최소 18% 이상)	지방분	유고형분 카카오분과 조합 14% 이상 (유지방 최소 3% 이상)	수분3%이하
준초콜릿 생지 (기준타입)	카카오분 15%이상 (카카오 버터 최소 3% 이상)	지방분 18%	유고형분 임의 (유지방 비율 임의)	수분3%이하
준초콜릿 생지 (준밀크초콜릿 생지)	카카오분 7% 이상 (카카오 버터 최소 3% 이상)	지방분 18%	유고형분 12.5% 이상 (유지방 최소 2% 이상)	수분3%이하

주1) 카카오분이란, 카카오닙, 카카오 매스, 코코아버터, 코코아케이크, 코코아파우더 수분을 제외한 합계량.
주2) 지방분에는 코코아버터와 유지방을 포함. (전국 초콜릿업 공정거래협의회 「초콜릿류 표시에 관한 공정경쟁규약」)
출처 : 일본초콜릿·코코아협회 홈페이지

「카카오」, 「코코아」표기는 일본 초콜릿·코코아협회의 표기를 따름

초콜릿 스프레이 [Chocolate spray]

가늘고 짧은 막대기 형태의 초콜릿으로 컬러풀.
토핑 등의 장식에 사용한다

초콜릿 컵

컵. 컵이 받침에서 미끄러져 떨어지지 않도록 연
구한 것도 있다. 우아한 모양으로 알려진 것이 받
침에 세운 테두리 모양의 둥근 장식이 달린 만세
리나 타입. 트랑블뢰즈 타입이라고 불리는 것은
컵의 바닥에 맞춰 홈이 우묵하게 패여 있어 흔들
려도 넘쳐흐르지 않는 안정감이 있다. 이 두 종류
컵의 이름과 형태에 대해서는 엄밀하게 구별되어
있지 않은 듯 한데, 두 가지 모두 초콜릿이 왕후귀
족의 부인들이 입은 드레스를 더럽히지 않기 위
해 고안된 호화 실용품이었다. 골동품은 무척 귀
하다.
→「만세리나」, 「트랑블뢰즈」

Trembleuse　Mancerina

초콜릿 코스모스 [Cosmos Chocolate]

일본에서는 가을 벚꽃이라는 의미로 「秋桜」이라
표기하는 꽃. 코스모스 중에는 색도 향도 초콜릿과
쏙 빼닮은 초콜릿 코스모스라고 불리는 품종이 있
다. 이 꽃은 사실 카카오와 같은 멕시코 품종으로,
절멸 직전이었던 꽃을 일본의 연구자가 바이오테
크놀로지를 구사하여 육종에 착수했다고 한다. [※7]

초콜릿 색의 꽃

초콜릿 타르트 [Chocolate tart]

ㅊ

사브레 생지를 바탕으로 초콜릿을 부어넣어 만드
는 과자. 오븐에서 오랜 시간 굽거나, 파인 반죽만
구워서 나중에 초콜릿 크림을 올린 것 등 제조법
은 여러 가지. 사이즈가 작은 것은 타르틀렛Tart-
lets이라고 부른다.

농후한 맛~!

초콜릿 파르페 [Chocolate parfait]

「파르페」는 프랑스어로 '완벽한'이라는 의미인 「Parfait」이라는 단어에서 유래했다. 아직 아이스크림 제조기가 없었던 시대, 노른자와 졸인 시럽을 거품 낸 봄브Bombe 생지나 졸인 과즙과 생크림을 섞어서 식혀서 굳힌 냉과. 당시까지 없었던 차가운 디저트가 참신했기 때문에 「퍼펙트!」라고 불렸다고. 일본에서는 유리잔에 아이스크림이나 생크림, 초콜릿 소스, 과일을 올린 것을 파르페라고 부른다. 비슷한 것으로 「초콜릿 선데이Chocolate sundae」가 있지만 이것은 미국이 시작. 유리잔의 높이의 차이로 둘을 구별할 수 있다는 설도 있지만 명확하지는 않은 듯 하다.

완벽한 디저트~!

초콜릿 포트 [Chocolate port]

초콜릿을 넣기 위한 전용 포트. 뚜껑에 뚫린 구멍에 교반봉인 몰리니요를 꽂아 사용한다. 몰리니요를 회전시키면서 상하로 움직여 초콜릿에 거품을 충분히 낸 뒤에 컵에 따른다.
→「몰리니요」

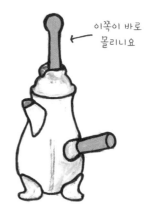

이쪽이 바로 몰리니요

초콜릿 파운틴 [Chocolate fountain]

초콜릿 퐁듀처럼 생크림을 더해 녹인 초콜릿이 분수처럼 흘러넘치는 곳에 과일이나 마시멜로를 묻혀 먹는 디저트. 파운틴은 분수를 의미하며 이름처럼 분수와 같이 초콜릿이 흐르는 기계를 사용한다. 화려하고 보기가 좋아서 결혼식이나 파티에 자주 등장하지만 최근에는 가정용 기계도 판매되고 있다고 한다.
→「초콜릿 퐁듀」

물처럼 흐르는 초콜릿

초콜릿 퐁듀 [Chocolate fondue]

초콜릿에 우유나 생크림을 첨가하여 가열해 액체로 만든 것에 마시멜로나 과일, 빵 등을 빠트려 초콜릿을 묻혀 먹는 디저트.
→「초콜릿 파운틴」

초콜릿을 듬뿍~!

초콜릿 하우스 [Chocolate house]

영국의 초콜릿 하우스는 커피하우스와 마찬가지로 사람들이 정치나 경제에 대해 대화를 나누는 사교의 장이었다. 카카오 재배가 성행이었던 자메이카를 1655년에 영국군이 스페인군으로부터 빼앗은 이후 영국에서 초콜릿 하우스의 인기가 높아졌다. 1659년 주간지 광고에서 초콜릿에 대해 「(전략)…그 곳에서 마시는 것도 좋고, 재료를 저렴하게 사는 것도 좋고 사용법도 전수. 초콜릿의 우수한 효능은 어디서나 대평판. 만병의 치료, 예방에 효과 있음. 효능을 자세하게 설명한 책도 동시에 발매」라고 소개. 이것은 초콜릿 하우스의 광고라고 생각된다. ※1 ※2 ※6

초콜릿 효과 [チョコレート効果]

초콜릿에 함유된 폴리페놀의 효력에 주목하여 만들어진 주식회사 메이지의 초콜릿으로 1998년에 발매. 임팩트 있는 이름으로 초콜릿은 아름다움과 건강에 좋다는 이미지가 새롭게 의식되게 되었다. 카카오 함유율 72%부터 95%까지 있는 고함량 카카오 시리즈로 한 알 분의 폴리페놀의 함유량까지 명기되어 있다.

→「폴리페놀」

초콜릿 힐즈 [Chocolate hills]

필리핀의 보홀Bohol 섬에 있는 대리석으로 만든
높이 30~50m의 원뿔형 산들이 1268개나 늘어선
장소. 5월 건기가 되면 작은 산의 녹색이 말라서
초콜릿색으로 변한다는 점에서 이름이 붙었다. 세
계유산으로도 지정되어 있으며 작은 산에 오를수
는 없지만 전망대에서 바라보는 것은 가능하다.

초콜릿의 음차 표기

1878년, 초콜릿을 일본에서 최초로 제조한 것은
「도쿄후게쓰도東京風月堂」의 전신 「요네즈후게쓰
도」였다(일관 제조는 1918년의 모리나가제과가
최초). 그 해 「가나요미 신문」에 「저고령당貯古齡糖
양주가 들어간 봉봉」라는 광고를 게재. 이후에도
「저구령당猪口令糖」이라는
문자로 광고를 냈다. 그 외
에도 지고랄타知古辣他, 천대
고령당千代古齡糖, 혈오령당
血汚齡堂 등으로 표기하기도
했다고 하는데 여기까지 오
면 무슨 의미인지 아무리 일
본인이라도 이해하지 못하
는 사람이 많지 않았을까?
→「요네즈후게쓰도」

모두 「초콜릿」이라
쓴 거랍니다~

초콜릿을 게걸스럽게 즐기는 사람들의 클럽 [Club des Croqueurs de Chocolat]

약자로 CCC. 1981년에 발족한 프랑스의 초콜릿 애호가 단체이며 매년마다 초콜릿 가이드 북인 『Le Guide des Croqueurs de Chocolat』을 발행한다.

초콜릿을 좋아하는 벌레

초콜릿에 꼬이는 벌레는 화랑곡나방, 줄알락명나방, 거짓쌀도둑거저리 등이 있다. 특히 화랑곡나방은 은박지를 물어 찢고 들어갈 정도. 딱히 독이 있는 것은 아니지만, 신경이 쓰인다면 초콜릿을 개봉후 꼭 밀봉 보관하고 되도록 빨리 먹도록 하자.

초콜릿 코인 [Chocolate coin]

금박지로 포장된 동전모양의 초콜릿. 세계 각지에서 볼 수 잇으며, 타이완의 호텔 등에서는 서비스로 프런트나 응접실에 구비하기도 한다. 일본의 경우, 「코인 초코コインチョコ」라는 명칭은 로크제과ロック製菓의 등록상표라고 한다.

충치 [Dental caries, 蟲齒]

초콜릿은 충치를 쉽게 유발하는 식품 목록 상위에 위치하지만 카카오 성분자체에는 충치균을 억제하는 작용도 있다고 한다. 다만 초콜릿에는 설탕이 다량으로 포함되어 있어서 먹고난 뒤에는 역시 양치질이 필수. 참고로 초콜릿 제조과정에서 나오는 카카오 콩의 껍질 부분인 카카오 허스크를 치약에 섞으면 충치예방에 효과가 있다는 보고도 있다.
→「카카오 허스크」

마치 와인 같은
초콜릿의 「테이스팅」을 아시나요?

초콜릿의 모든 것을 맛보기 위해 오감을 사용한 테이스팅 방법을 알려드립니다.

오감이란 시각, 촉각, 청각, 후각, 미각. 테이스팅에는 미각이나 후각은 물론, 시각, 촉각, 청각까지 사용합니다. 초콜릿을 맛보는 데 청각이 왜 필요한지 조금 신기하게 느껴지기도 합니다.
그래서 「린트 쇼콜라 카페 지유가오카」에서 개설 중인 "초콜릿 테이스팅 세미나"에서 배운 방법을

소개합니다. 린트 세미나에서 배운 내용이라 초콜릿은 모두 린트 제품이지만 같은 방법으로 다른 브랜드의 초콜릿도 테이스팅 할 수 있으니 참고로 봐주시기 바랍니다.

「린트 쇼콜라 카페 지유가오카점」의
[테이스팅 방법]

1 「보기」

먼저 초콜릿을 잘 살펴봅니다. 색이나 감촉, 윤기 등을 전체적으로 가만히 살펴보세요. 품질이 좋은 초콜릿은 색에 얼룩이 없고 결이 정돈되어 있으며 자연스러운 광택이 납니다.

2 「만지기」

살짝 만져 봅니다. 표면의 감촉이 부드러운가요? 아니면 거친 느낌이 있나요?

3 「듣기」

초콜릿을 귀에 가까이 대고 쪼개봅니다. 어떤 소리가 들리나요. 빠삭하고 날카로운 음인가요, 아니면 둔탁한 울림인가? 고급 태블릿 초콜릿 중에 필링이 없는 초콜릿은 분명하고 건조한 소리가 난다고 합니다. 또한 적정 온도에서 보존된 초콜릿인지도 소리로 확인할 수 있습니다. 온도가 높은 곳에 보관된 초콜릿은 소리가 제대로 나지 않습니다.

4 「냄새 맡기」

초콜릿의 향기를 깊이 들이 마셔봅니다. 또한 입안에서 초콜릿을 녹이며 숨을 내쉴 때 풍기는 향을 느껴봅니다.

5 「맛보기」

초콜릿 한 조각을 입 안에서 서서히 녹여봅니다. 혀 위에서 펼쳐지는 세계에 신경을 집중. 어떤 맛이 느껴지시나요.

지유가오카의 「린트 쇼콜라 카페」에서

「초콜릿 테이스팅 세미나」를 체험해보았습니다

어린 시절부터 초콜릿을 매우 좋아했던 저, 리카코.
초콜릿의 세계를 더욱 깊이 추구하고 싶다는 욕심이 점점 커지던 중에 마침,
초콜릿에 대해 세미나가 있다는 사실을 알게 되었습니다.

전에는
몰랐어요!!

초심자여도 가능하며, 내용에 무척 깊이가 있다는 소문을 듣고 곧장 신청해본 초콜릿 테이스팅 세미나였습니다.
장소는 지유가오카의 「린트 쇼콜라 카페」. 매월 두 번 정도 정기적으로 세미나가 열립니다.
초콜릿 전문가인 전임강사에게 카카오나무나 카

카오 빈의 산지, 초콜릿 제조법까지 배우면서 테이스팅을 체험할 수 있는 충실한 두 시간.
호기심으로 몸이 근질근질해서 집을 나섰습니다.

초콜릿 미체험 구역으로
안내해드릴게요~

CHOCOLATE DRINK

초콜릿 드링크가 환영해주는 곳

카페에 도착해서 먼저 웰컴 드링크로 제가 좋아하는 초콜릿 드링크를 받았습니다. 이제 여기서부터 초콜릿 세계로의 유혹이 시작되는 듯한 느낌입니다. 테이블 위에는 테이스팅할 여덟 종류의 태블릿 초콜릿 패키지가 나란히 진열되어 있고 카카오 모형이나 카카오 빈도 있었습니다.

테이스팅을 하기 전에

웰컴 드링크를 받고 나서 강사 선생님과 인사.
수강생은 20대에서 60대 정도의 남녀 12명. 선생님이 수강자 모두를 미소 띤 얼굴로 지켜보면서 세미나를 시작했습니다.
먼저 스위스의 초콜릿 브랜드인 린트의 시작과 역사를 훑어주었습니다.
다음으로 초콜릿 원료인 카카오 이야기나 "초콜릿"이 완성되기까지의 제조 공정 등, 흥미진진한 이야기가 이어졌습니다. 카카오나무가 발견된 이후 초콜릿의 존재는 오랜 시간 "음료"였습니다. 현재의 태블릿 형태의 초콜릿이 되기까지의 여정도 공부. 전부 몰랐던 내용들이었습니다. 그리고 다크, 밀크, 화이트초콜릿이 어떻게 만들어지는지도 처음 알게 되었습니다.
이런 식으로 카카오를 여러 각도에서 공부해보니 테이스팅이 더욱 기대되기 시작했습니다.

드디어 테이스팅 시작

접시 위에 놓인 초콜릿 배치에는 의미가 있었습니다. 상단에는 왼쪽부터 카카오 함유율이 70%, 85%, 90%, 중간 좌측의 99%까지 다크 초콜릿이 배치되었습니다. 그 옆에는 다크 초콜릿이 베이스인 각기 다른 맛이 두 종류. 하단에는 밀크와 화이트초콜릿. 왼쪽 상단부터 순서대로 맛을 보았습니다. 초콜릿 테이스팅의 경우 다크는 함유율이 낮은 것부터 시작해 높은 쪽으로 진행해야 카카오 빈 본래의 맛을 확실히 맛볼 수 있다고 합니다. 그다음 유성분이 들어간 밀크와 화이트를 먹습니다. 먼저 좌측 상단의 초콜릿 하나. 이 한 조각에 집중하여 유심히 보고 냄새를 맡고 귓가에서 쪼개봅니다. 초콜릿 소리라니, 지금까지는 들어본 적 없었어요! 또각하고 맑은 소리를 울리며 쪼개졌습니다. 입 안에 넣습니다. 「씹지 말고 빨면서 혀 위에서 녹여보세요」라고 말하는 선생님. 지금까지 나는 초콜릿도 맘껏 씹어 먹었습니다. 그래도 충분히 맛있었지만 혀 위의 초콜릿이 시간과 함께 입 안에서 녹을 때의 맛이나 향의 변화, 깊이, 펼쳐짐은 미지의 세계라고 말해도 될 정도였습니다.

초콜릿 드링크와 코코아의 차이는…

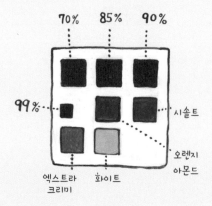

70%   85%   90%

99%   ········ 시솔트

········ 오렌지 아몬드

엑스트라 크리미   화이트

카카오 배합률과 맛의 차이는?

「카카오 성분 70%는 카카코 매스와 카카오 버터의 합계가 초콜릿 전체의 70%를 차지한다는 뜻입니다. 나머지는 설탕입니다. 이 카카오 버터를 첨가함으로써 초콜릿이 입에서 녹는 느낌이 생기죠.」 라는 선생님의 설명. 다만 태블릿 카카오 성분인 카카오 매스와 카카오 버터의 비율은 각 기업의 기밀사항이라고 합니다. 카카오 70% 초콜릿이라면 모두 똑같아 보이지만 실제로는 카카오 빈의 종류, 배합률, 콘칭 시간 등 다양한 연구가 중

첨되어 하나의 제품으로 완성됩니다. 그러므로 같은 70%라고 해도 제조사에 따라 완전히 다른 맛이 나는 것이죠.

그래서 리카코의 감상은…. 우선 카카오 70%라고 하면 쓴맛이 강하다는 이미지였으나 의외로 신맛도 쓴맛도 없이 마일드한 여성적인 맛이었습니다. 85%는 남성적. 99%는 혀로 녹이면 무척 진한 풍미에 둥그스름한 맛.

카카오 99%란

Sugar 1%

Cacao 99%

라는 뜻!

카카오 성분 속의 카카오 매스와
카카오 버터의 배합률은 비밀입니다

카카오 배합률은
어떻게 결정되는지
아시나요?

Orange
Almond

Milk

Sea salt

초콜릿의 베리에이션

다크 네 종류를 맛 본 뒤에 「오렌지 아몬드」, 「시솔트」, 「엑스트라 크리미」, 「화이트 바닐라」를 먹어보았습니다. 오렌지 아몬드는 슬라이스 아몬드가 들어가 있어, 씹으면서 식감도 즐길 수 있다고 합니다. 초콜릿에는 「녹여서 천천히 맛보는」초콜릿과 「씹어서 맛보는」초콜릿이 있다는 점을 알게 되었습니다. 개성파인 시솔트, 부드럽게 녹는 밀크, 바닐라의 향이 퍼지는 화이트, 다양한 형태의 초콜릿을 모두 맛보았습니다.

테이스팅의 포인트

세미나에서 배운 테이스팅 포인트를 정리해 보았습니다

① 즐거운 분위기 조성
② 온도 관리. 20℃ 전후가 적당. 너무 춥거나 덥지 않게 하는 것이 중요.
③ 테이스팅은 카카오 함유량이 적은 것부터 시작합니다. 함유율이 높은 것을 먼저 먹으면 그 맛의 임팩트가 남아 함유율 낮은 초콜릿의 맛이 잘 느껴지지 않게 됩니다. 중간에 시솔트나 오렌지 아몬드 등 개성이나 식감이 독특한 초콜릿도 섞습니다.
④ 테이스팅하는 중간에는 따뜻한 물이나 강하지 않은 홍차 등을 마셔서 미각을 중화

합니다.
⑤ 테이스팅할 초콜릿은 한 번에 5~8 종류, 각각 10g 정도가 적정량입니다. 너무 많으면 미각이 둔해집니다.
⑥ 초콜릿의 섬세한 맛을 느끼기 위해 입에 넣고 천천히 혀 위에서 녹여가며 맛을 평가합니다.
⑦ 서로 이야기 나누기. 자기가 초콜릿을 먹고 어떤 느낌을 받았는지 서로 이야기하며 즐깁니다.

씹지 않으면 이렇게 녹는구나

좋은 향기네~

'따각'하는 소리가 났어

Tasting Party

테이스팅 파티를 해보았다

다음 날 선생님의 충고를 바탕으로 집에서 작은 테이스팅 파티를 해보았습니다. 초콜릿을 좋아하는 친구의 「지금까지 먹었던 초콜릿을 100배 맛있게 즐길 수 있을 것 같아!」라는 감상도 기뻤습니다. 여러분도 여러 종류의 초콜릿을 준비한 뒤 테이스팅을 즐겨보시길!

카·타

카레 [Carré]

정사각형 모양의 얇은 초콜릿. 카레는 프랑스말로 정사각형을 의미.

정사각형~

카를로스 1세 [Carlos I]

1500-1558년. 스페인 국왕이며 합스부르크 왕가 출신의 신성로마황제 카를 5세이기도 하다. 에르난 코르테스가 스페인으로 돌아왔을 때 카카오 빈과 초콜릿 드링크를 만드는 기구를 카를로스 1세에게 바쳤고 이를 계기로 초콜릿이 유럽에 퍼졌다고 한다.

초콜릿이 전해진 것은 내가 다스리던 시대의 스페인이었느니라.

카카오 나무

벽오동나무과에 속하는 나무로 간생화. 키가 커서 7~12m 정도까지 성장한다. 카카오나무는 적도를 사이에 두고 북위, 남위 20도 전후의 지역에서 평균 기온 약 27℃, 연간 강수량 1000ml 이상, 해발 30~300m의 고온다습한 환경에서만 자란다고 알려져 있다. 중앙아메리카부터 남아메리카에 걸친 열대지역이 원산지였지만 지금은 중남미, 아프리카, 아시아, 오세아니아 등에서 재배되고 있다.
→「벽오동나무과」,「간생화」,「온천」

카카오 나무

카카오 꽃

회고 가냘픈 꽃으로, 굵은 줄기에서 바로 핀다. 축 처지듯 아래로 피는 것이 특징이다.

줄기에서 바로 꽃이…

카카오 닙 [Cacao nibs]

로스팅한 카카오 빈을 갈아서 껍질을 제거한 것. 카카오 빈의 배유부분. 카카오 빈이 지닌 본래의 강한 풍미와 식감을 살리고 과립형태가 된 닙을 제과재료로 사용하는 경우도 있다.
→ 닙 과자

그냥 먹어도 맛있어
아삭 아삭~

카카오 리커 [Cacao liquor]

카카오 매스가 액체상태일 때 부르는 이름. 초콜릿 리커라고도 한다. 초콜릿 코코아의 제조공장 전문용어로는 비터초콜릿을 카카오 리커, 초콜릿 리커라고 부르기도 한다.

녹인 상태

카카오 매스 [Cacao mass]

카카오 빈을 발효, 건조시켜 로스팅한 뒤, 갈아 으깨서 페이스트상태로 만들어 굳힌 것. 외관은 초콜릿과 같지만 설탕을 더하지 않은 카카오 100%로 대단히 쓰다. 전체의 약 절반 가량을 카카오 버터(카카오 빈의 유지분)이 차지하고 있다. 액체 상태일 때는 카카오 리커라고도 불린다.
→ 카카오 리커

카카오 버터 [Cacao butter]

카카오 매스를 압착시켜 빼낸 카카오 유지분. 코코아 버터라고도 부른다. 상온에서는 고형이지만 사람의 체온보다 조금 낮은 온도에서 완전히 녹아 액체 상태가 된다. 녹기 시작하는 온도와 결정화되기 시작하는 온도의 차이가 2~3도 정도밖에 되지 않는다. 이것이야말로 초콜릿의 「입 안에서 슥 사라지는 듯」 부드럽게 녹는 특징의 비밀이다. 참고로 동물성 유지인 버터는 고형과 액체의 사이의 폭(점토처럼 변형되는 상태)이 10~12도 정도여서, 동물성 유지를 함유한 초콜릿은 입 안에 남는 잔여물이 있으며 코코아 버터만 넣어 만든 초콜릿과 녹는 느낌이 좀 다르다.

부드럽게 녹는 식감의 비밀

카카오 빈 [Cacao bean]

ㅋ

초콜릿이나 코코아의 주원료. 카카오 나무가 되는 과실(카카오 포드) 안에 있는 씨앗을 말한다. 유지분(카카오 버터)이 전체의 절반을 차지하기 때문에 20℃이하의 환경에서는 발아가 되지 않는다고 한다. 생두 표면은 하얗고 그것을 반으로 쪼개면 안은 보라색. 그 색깔이 카카오 폴리페놀 성분의 증거다. 발효시키면 감칠맛 성분이 다량으로 생기며 로스팅에 따라 향이 생겨 사람의 손을 거치면서 부드러운 초콜릿으로 모습을 변화해 간다.

카카오 빈 차

카카오 빈을 로스팅하여 카카오닙을 빼낸 뒤의 껍질, 카카오 허스크는 뜨거운 물에 끓여 차처럼 마실 수 있다. 녹차의 일종인 호지차처럼 개운한 맛이라고 한다.
→ 카카오 허스크

카카오 껍질로 만든 차

카카오 세크 [Cacao sec]

카카오 매스에서 카카오 버터를 압착할 때 남는 고형분. 프랑스어로 「건조 카카오」라는 의미다. 코코아 케이크라고도 불린다.

카카오 안 푸드르 [Cacao en poudre]

프랑스어로 「카카오 파우더」를 의미.
→ 「카카오 파우더」

카카오 파우더 [Cacao powder]

카카오 고형분(카카오 세크)를 분쇄하여 분말형태로 만든 것. 코코아 파우더도 동일.
→ 「코코아」, 「카카오 세크」

카카오 펄프 [Cacao pulp]

카카오 열매에 들어있는 하얀 과육. 리치나 프레시 아몬드 같이 달콤한 향기가 나며 매우 맛있다고 한다. 카카오의 산지가 아니면 좀처럼 맛볼 수 없는 것이 유감이다.

하얀 부분이 과육

카카오 포드 [Cacao pod]

카카오 나무의 열매. 럭비공같은 모양의 표면의 딱딱한 껍질은 노란색, 오렌지색, 빨간색 등 품종에 따라 다르다. 개체마다 차이가 있지만 길이는 15cm~30cm, 직경은 10cm~12cm, 무게는 200g~1000g 정도. 열매 한 개에 30~60개의 씨앗(카카오 빈)이 들어 있다.

속에는 카카오빈이 가득

CACAO　PRIETO

카카오 프리에토 [CACAO PRIETO]

2008년에 전직 항공우주 엔지니어인 다니엘 프리에토 프레스턴Daniel Prieto Preston이 시작한 빈투바 초콜릿 브랜드. 프리에토 집안이 100년 이상 소유해온 도미니카 공화국의 코랄리나 농장에서 수확한 유기농 재배 카카오 빈과 사탕수수 설탕으로 만들고 있다. 그 중에서도 싱글 오리진 초콜릿은 도미니카에서 가장 오래된 크리올로Criollo종 카카오를 사용한다고 한다.

카카오 허스크 [Cacao husk]

카카오 빈의 껍질. 초콜릿 제조과정에서 폐기되지만 비료로 야채 재배나 가드닝 등에 활용되는 경우도 있다. 이를 닦을 때 섞어 쓰면 충치예방에 효과가 있다는 설도 있다. 차로 만들어 마실 수도 있다.
→「카카오 빈 차」

껍질이랍니다

카카오·초콜릿·코코아

카카오 나무의 학명은 테오브로마 카카오. 이는 세계 공통이지만, 일상생활에서 이 이름을 사용하는 일은 거의 없다. 미국식 영어로는 카카오나무에서 채집한 미가공 상태를 전부「카카오」라고 부르는 습관이 있다고 한다. 가공처리가 된 것은 액체와 고체 모두「초콜릿」「코코아」는 판 하우턴이 발명한 카카오 매스에서 일부 탈지한 분말을 가리킨다. 일본이나 한국에서의 호명법도 기본적으로 미국식 영어와 동일하다. 한편 영국 영어에서 코코아는 미국 영어의 카카오나 초콜릿을 의미하는 경우가 많다고 한다. 나아가 뉴욕농산물시장에서는 미가공의 종자를 코코아라고 부른다고 한다. 정말이지 헷갈리기 쉽다! [1]

카카우아틀과 초콜라틀
[Cacahuatl & Chocolatl]

카카우아틀은 나우아틀어로「카카오 물」이라는 의미. 아즈텍에서 마셨던 카카오 빈을 으깨어 물에 녹인 음료로, 초콜릿의 원점이라고 여겨진다. 초콜라틀은 스페인 침략 후에 편찬된 나우아틀어 사전에 초콜릿을 가리키는 단어로 처음 등장했다고. 초콜릿의 어원에 대해서는 여러 설이 있으나, 카카우아틀의「카카」라는 음이 라틴어로「대변Caca-, Caco-」을 의미하는 유아어였기 때문에 스페인 사람이 초콜라틀이라는 단어를 생각해냈다는 설도 있다. [1]

카파렐 [Caffarel]

피에르 폴 카파렐이 1826년에 이탈리아 토리노에서 창업한 초콜릿 브랜드. 1865년에는 헤이즐넛과 초콜릿을 조합한 잔두야Gianduja, Gianduia 초콜릿을 만들어냈다. 이탈리아다운 귀여운 패키지로도 인기가 있다.
→「잔두야」

냠~냠

ㅋ

카페모카 [Caffè mocha]

에스프레소와 밀크, 초콜릿 시럽을 조합한 음료. 뜨겁게도 혹은 차갑게도 마실 수 있으며 생크림을 토핑으로 올리기도 한다. 커피의 품종 중에 모카라는 것이 있지만 딱히 관계는 없다고 한다.

마무리는 초콜릿 시럽~!!

카페인 [Caffein]

카페인이라고 하면 커피가 떠오르지만 초콜릿에도 함유되어 있다. 카카오 배합 비율로 카페인의 양도 달라지는데, 주식회사 메이지의 홈페이지에 따르면 메이지 밀크초콜릿 50g 한 개에 함유된 카페인 양은 커피 한 잔(150㎖)의 1/6 정도라고 한다.

칼 폰 린네 [Carl von Linne]

1707-1778년. 스웨덴의 과학자로 현재의 색물 분류에 사용되는 속과 종으로 나뉘는 이명법을 고안한 인물로 알려져 있다. 1753년, 카카오 나무의 학명을 테오브로마 카카오라고 명명했다. 린네 자신도 초콜릿을 좋아했다고 한다. [※1]
→「테오브로마 카카오」

칼로리 [Calory]

달콤한 초콜릿일수록 당분이 많아 고칼로리라고 여겨지지만 꼭 그렇지만은 않다. 밀크초콜릿의 경우 100g당 평균 약 560kcal, 카카오 70% 전후의 다크 초콜릿은 580kcal, 카카오의 함유량이 높다면 600kcal을 넘는다. 참고로 적포도주 한 병(750ml)은 약 550kcal. 자, 당신의 선택은?

 or

CaCao 99%   milk

칼륨 [Kalium]

심장이나 근육을 정상적으로 유지해주는 미네랄. 부족하게 되면 고혈압이나 심부전, 변비 등이 쉽게 걸리기도. 카카오 빈 100g에는 칼륨이 745.0mg%함유되어 있다. [※2]

칼슘 [calcium]

뼈나 치아를 만드는 미네랄 성분. 카카오 빈 100g에는 칼슘 7.5mg%가 함유되어 있다. [※2]

캐드버리 [Cadbury]

캐드버리 사는 1824년 초콜릿이나 커피, 홍차를 판매하는 가게로 시작했다. 1854년에는 영국 왕실 어용상인이 되었고 이후 세계 굴지의 초콜릿 메이커로 성장했다. 당시까지 밀크초콜릿에는 분유를 사용하는 것이 일반적이었지만 1905년에 생유를 사용하는 제조법으로 만든「데어리 밀크초콜릿」을 발매. 이 초콜릿에는 한 잔 반이나 되는 우유가 들어있다는 것이 셀링 포인트로 1928년부터는 잔에서 우유를 따르는 로고가 포장지에 사용되고 있다.
→「캐드버리 형제」

캐드버리 형제 [Cadbury brothers]

(존 캐드버리John Cadbury, 1801-1889년)
(벤저민 캐드버리Benjamin Cadbury, 1798-1880년)
1824년, 영국의 버밍엄에서 존이 초콜릿, 커피, 홍차를 판매하는 가게를 열었다. 초콜릿이 술의 대용품이라고 생각한 존은 초콜릿 제조업을 시작하였고 1847년부터는 형인 벤저민도 사업에 동참했다.

진짜 캔디는 아니지만~

캔디 바 [Candy bar]

사탕이 아닌 「스니커즈」나 「밀키웨이」등의 초콜릿 바도 캔디 바라고 불린다. 미국에서는 판 초콜릿도 이 그룹에 속해서, 영화 「찰리와 초콜릿 공장」에서는 골든 티켓이 들어간 판 초콜릿도 캔디바라고 부르고 있다.

커버 초콜릿

→「커버추어」

커버링 [Covering]

→「코팅」

커버추어 [Couverture]

주로 봉봉이나 케이크의 섬세한 세공이나 커버에 사용되는 제과용 초콜릿. 커버추어란 프랑스어로 지붕, 덮개라는 의미이며 커버 초콜릿이라고도 부른다. 카카오 매스에 카카오 버터를 더했기 때문에 유동성이 있으며 매끈매끈한 것이 특징. 국제 규격에 따르면 총 카카오 고형분 35% 이상, 안에 함유된 카카오 버터는 31% 이상이라 규정하고 있으나, 일본에서는 제과용 초콜릿 전체를 가리키기도 한다. 카카오 버터 외에 당분, 향료, 종류에 따라 분유 등이 첨가된다. 종류는, 누아르Noir, 블랙, 레Lait, 밀크, 블랑의 세 가지.
→「초콜릿의 국제규격」

NOIR   LAIT   BLANC

커터나이프 [Cutter knife]

무뎌진 칼날을 부러뜨리고 새 날을 쓸 수 있도록 만들어진 커터나이프는 일본의 문구 메이커 「올파 OLFA」에서 개발했다. 올파의 오쿠다 요시오奧田良男가 판 초콜릿의 뚝뚝 부러지는 모습에서 영감을 얻어, 마찬가지로 칼에도 홈이 패어 있어서 쉽게 부러진다면 좋지 않을까라는 아이디어에서 개발을 시작. 초콜릿 덕분에 1956년에 슬라이드 방식으로 칼날을 잘라낼 수 있는 커터나이프가 탄생한 것이다.

'뚝' 하고
부러뜨리면 돼~!

커피 [Coffee]

유럽의 카페에서 커피를 주문하면 초콜릿이 함께 나오는 경우가 있다. 먹어 보면 초콜릿과 커피는 서로 잘 어울린다. 초콜릿 맛을 가미한 커피도 있는데 이런 제품은 우유를 충분히 넣어 먹으면 단 맛이 느껴져서 맛있다. 또한 커피콩을 초콜릿으로 감싼 과자도 있는데 오독오독한 식감과 쌉쌀한 맛에는 중독성이 있을 정도.

ㅇ
ㅋ

Coffee

역사로 읽어보는

밸런타인데이와 초콜릿

현대의 일본에서는 2월 14일이 「초콜릿을
선물하는 날」로 정착되었지만 여기에는 일
본 독자적인 발전이 있었다는 사실을 알고
계시는지.

밸런타인데이의 기원

밸런타인데이의 기원은 로마시대로 거슬러 올라
갑니다. 원래 2월 14일은 로마 여신 유노의 축일
인데, 결혼을 하면 병사의 사기가 떨어진다고 하
여 3세기 경의 로마 황제 클라우디스 2세가 병사
들의 결혼을 금지했지만, 그리스도교 사제였던 발
렌티누스St. Valentinus가 몰래 병사들의 혼인성사
를 집전했다는 이유로 붙잡혔으며 본보기로 2월
14일에 처형되었습니다. 그래서 이 날을 「연인들
의 날」로 삼게 되었으며 사랑하는 사람들이 서로
선물을 주고받는 습관이 생기게 되었다는 것이 일
반적인 설입니다.

성 발렌티누스는 2월 14일에
처형당했답니다

모로조프가 1936년에 영
자신문에 게재한 밸런타
인데이 광고(오른쪽)와 상
자 들이 초콜릿(위). 초콜
릿을 늘어놓은 모습이 아
름답다

밸런타인 초콜릿의 선구자

유럽에는 밸런타인데이에 연인들이 서로 꽃이나
카드를 선물하는 풍습이 옛날부터 있었습니다. 초
콜릿도 이렇게 주고 받는 선물 가운데 하나로 인
기를 끌고 있었는데, 영국의 캐드버리사가 선물용
상자를 만들어 출시한 것이 처음이라고 알려져 있
습니다. 그러므로 초콜릿을 선물하는 것 자체는
일본이나 동아시아의 풍습이라고 말할 수 없습니
다. 하지만 일본에서는 「여성이 남성에게」, 「초콜
릿(한정으로)」을 보내 사랑을 「고백하는 날」이라
는 조금 독특한 습관으로 정착되었는데, 이는 사
실 제과 업체의 전략이 낸 결과입니다.

제과 회사의 마케팅으로 밸런타인데이가 일본에 퍼지다

일본에서는 먼저 모로조프가 1932년에 밸런타인데이 초콜릿을 발매. 1936년에는 외국인 용 영자신문에 처음으로 밸런타인데이 광고를 실었습니다.
전쟁 이후에는 1956년에 후지야가 밸런타인 세일을 개시했으며, 1958년에는 메리 초콜릿이 백화점에서 밸런타인 세일을 실시했지만 3일 동안 팔린 초콜릿은 겨우 세 개였다고 합니다. 머리를 싸맨 결과 이듬해에는 하트 모양 초콜릿에 상대의 이름을 넣어주는 서비스를 실시하며 「매년 한 번 여성이 남성에게 사랑고백을!」이라는 캐치프레이즈를 걸었습니다.
이후 각 제과 업체에서도 적극적으로 밸런타인 캠페인을 실시. 밸런타인데이는 "여성이 남성에게 초콜릿을 선물하는 날"로 정착하게 된 것입니다.

후지야의 「하트 초콜릿」(사진은 1959년 촬영). 사실 쇼와시대 태생인 제게는 첫 밸런타인 초코이기도 한, 기억에 깊이 남아 있는 제품!

일본의 밸런타인데이는 더욱 발전. 사랑하는 사람들 사이에서만이 아니라 도움을 준 사람이나 친구에게 보내는 "의리 초코" 같은 습관도 생겨났지요.

메리 초콜릿의 밸런타인 초콜릿 첫 해 제품

이듬해에 하트 모양으로

밸런타인 초콜릿의 다양한 스타일

최근에는 여성이 여성 친구에게 보내는 "우정 초코"나 자신에게 포상으로 선물하는 "자기 초코", 남성이 여성에게 보내는 "역 초코"등, 밸런타인 초콜릿의 선물 방식도 다양해지고 있다고 합니다. 독자적으로 발전해온 일본의 밸런타인데이. 맛있는 초콜릿을 선물하고 싶어! 먹고 싶어! 라는 의식이 뿌리내리고 있다는 사실은 틀림없습니다.

친구끼리 서로 주고 받기도.

커피 하우스 [Coffee house]

1650년, 영국에서 처음 커피 하우스가 옥스퍼드에서 개점. 1652년에는 런던에도 개점했다. 커피 하우스는 술은 내지 않고 커피나 담배, 초콜릿을 즐기면서 신문이나 잡지를 읽거나 손님들끼리 정치나 세상이야기를 나누는 장소로 발전했다. 영국 민주주의 의식을 배양한 중요한 공간이 되었다고도 할 수 있다.

→「초콜릿 하우스」

케찰코아틀 신 [Quetzalcoatl]

아즈텍 신화에서 문화와 농경의 신이며 카카오를 가져다준 신으로서 숭상되었다. 아즈텍에는 신이 긴 수염과 흰 피부를 지니고「하나의 갈대의 해에 부활한다」는 예언이 있었는데, 이것은 1519년 즉 스페인인인 코르테스 등 정복자가 찾아온 것과 같은 해에 해당한다. 이 우연 때문에 아즈텍 인들은 코르테스를 케찰코아틀의 재래라고 생각하여 받아들이고 말았다는 설이 있다. [※1]

→「에르난 코르테스」

코코아 [Cocoa]

1. 카카오 파우더를 뜨거운 물로 녹여서 설탕이나 우유를 섞어 마시는 음료. 카카오 파우더 자체를 가리키는 경우도 있다. 분유나 설탕이 섞인 제품은 조정 코코아라고 판매된다.
2. 카카오 파우더라고도 한다. 카카오 매스를 압착하여 유지분인 카카오 버터를 빼냈을 때 남는 고형분(카카오 세크)를 미세한 가루로 만든 것. 코코아 안에도 지방분이 11~24% 남아있다. 프랑스어로는 카카오 안 푸드르.

→「판 하우턴」,「4대 발명」,「카카오 파우더」,「카카오 세크」

코르네

1. [corne]
초콜릿 크림을 나선형으로 감싼 과자를 의미
→「초코코르네」
2. [cornet]
녹인 초콜릿이나 아이싱 등을 짜기 위해 사용하는 도구. 문자나 그림을 그리거나 미세한 장식을 할 때 편리. 오븐페이퍼로 간단하게 만들 수 있다.

코르네 만드는 법

1. 오븐페이퍼를 직각삼각형으로 자른다.
2. ☆ 부분이 배출구가 되도록 끝부분을 정점으로 맞춘다.
3. 나머지 한쪽을 정점에 맞춰 겹치는 부분을 스태플러 등으로 고정한다.
4. 필링을 담고 나서 원하는 두께가 나오도록 배출구를 자르면 완성!

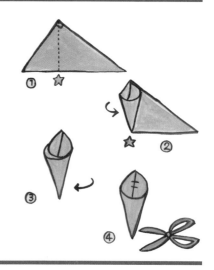

코트도르 [Côte-d'Or]

1883년 발매된 벨기에의 초콜릿 브랜드. 1965년
에는 벨기에 왕실 납품의 명예를 획득했다. 코끼
리가 트레이드마크. 농후한 카카오를 느낄 수
있는 초콜릿을 고수하고 있다.

코팅 [Coating]

케이크 전체를 초콜릿이나 크림 등으로 덮어씌우
는 것. 커버링과 같은 의미. 봉봉 쇼콜라나 프랄린
으로 불리는 타입의 필링 부분인 가나슈를 초콜릿
으로 덮는 것도 코팅이라고 한다.

코팅 초콜릿 [Coating chocolate]

→「파트 아 글라세」

코포 [Copeaux]

제과용 블록 초콜릿이나 판 초콜릿을 깎아서 대팻
밥처럼 완성한 것. 장식등에 쓰인다.

얇게 깎아낸 것

코피

초콜릿과 코피 사이에 의학적으로 명확한 관계가
있다는 보고는 아직 없다고 한다. 하지만 초콜릿
에는 피의 흐름을 좋게 만드는 물질이 함유되어
있으므로 가능성이 전혀 없다고 단정할 수는 없을
지도?

응? 너무 많이 먹어서 그렇다고?!

콘칭 [Conching]

초콜릿 제조공정 중 하나로 미립화된 초콜릿을 더
욱 반죽하여 입안에서 부드럽게 녹는 느낌과 향
을 이끌어낸다. 콘칭에 사용되는 교반기는 콘체,
혹은 콘칭 머신이라고 부른다. 콘칭 제법은 1879
년에 로돌프 린트가 발명했으며, 덕분에 그때까
지 거칠했던 식감이 부드럽게 진화되었다. 콘칭
에 걸리는 시간은 카카오 빈의 품종이나 배합하는
재료, 메이커, 쇼콜라티에에 따라 달라지며 2~3시
간인 경우도 있고 3일에 걸쳐 진행하는 경우도 있
다. 참고로 교반기가 콘체라는 이름이 된 것은 초
기 기계가 소라고둥같은 형태였기 때문이라고 알
려져 있지만, 롤러가 전후로 미끄러지는 부분이
완만한 U자형을 하고 있어 조개껍질 모양과 닮았
다고 하는 일설도 있다.
→「린트」,「로돌프 린트」,「4대 발명」

린트가 고안한 기계는
이런 모양

한번
마셔볼 걸
그랬나…?

콜럼버스 [Christopher Columbus]

1451-1506년. 제노바 태생의 탐험가. 신대륙의
발견자로 알려져 있는데, 1502년 유럽인 중에서
도 일찍감치 카카오 빈을 접했다. 아들인 페르디
난드는 구아나야 섬 해안에서 카카오 빈을 싣고
있던 카누와 조우하여 현지 사람들이 카카오 빈
을 무척 귀하게 여기는 사실이나 화폐로 사용하
는 점에 대해 기록을 남겨두었다. 그러나 모처럼
카카오 빈을 발견했어도 입에 대는 일은 없었다
고 한다. 안타까운 일이다.
→ 「구아나야」

콜레스테롤 [Cholesterol]

초콜릿에 함유된 폴리페놀에는 좋은 콜레스테롤
을 증가시키고 나쁜 콜레스테롤의 산화를 억제하
는 작용이 있기 때문에 콜레스테롤의 밸런스를
유지할 수 있다고 한다.

쿠겔 [Kugel]

쿠겔이란 독일어로 「공 모양」을 의미하며 공 모
양을 한 초콜릿 컵을 가리키는 말이기도 하다. 일
명 쿠겔른Kugeln이라고도 부르는데, 속이 비어 있
어서 거기에 가나슈를 담아 템
퍼링한 초콜릿으로
코팅한다.

속을 채워보자~!

크레미노 [Cremino]

한입 크기로, 정육면체
모양인 토리노 전통 초
콜릿. 잔두야 초콜릿에
헤이즐넛 페이스트를 샌
드한 3층 타입이 많지만
메이커에 따라 다른 개

헤이즐넛의 맛이
난답니다~

성이 있다. 부드러운 헤이즐넛 페이스트를 멋진
입방체 모양으로 자르는데에는 피아노선을 사용
한다.
→ 「기타 커터」

크리스마스 케이크

[Christmas cake]

영국의 푸딩, 이탈리아의 판도로Pan Doro, 독일의
슈톨렌Stollen이나 레브쿠헨Lebkuchen 등 크리스마
스 케이크는 나라마다 전통적인 것이 있고 맛과
형태도 다양하다. 그 중에서
도 초콜릿이 많이 사용되는
것을 들자면 프랑스의 「뷔시
드 노엘」. 플레인 스펀지 케
이크에 버터 크림을 사용하
는 것이 전통 방식이지만 지
금은 초콜릿 케이크+초콜릿
크림의 유형도 매우 인기 제
품이 되었다.
→ 「뷔시 드 노엘」

Christmas

키세스 [Kisses]

1907년에 탄생한, 미국의 허쉬를 대표하는 초콜
릿. 작은 깃발이 달린 은색 포장지
에 싸인 귀여운 모양의 달
콤한 밀크초콜릿은 전 세
계에 인기가 높다
→ 「허쉬」

킷캣 [Kit Kat]

1935년, 영국 라운트리사에서는 '직장에 가지고 갈수 있는 초콜릿'으로 「킷캣」의 전신 「초콜릿 크리스프」를 발매했다. 1937년에 상품명을 「킷캣」로 바꿨으며, 1988년에는 네슬레에서 제조·판매권을 인수했다. 일본에는 1973년에 상륙했으며 1989년부터 일본 공장에서 제조를 시작. 인기 상품인 밀크초콜릿 뿐만 아니라 다양한 맛이나 일본 현지화된 킷캣을 제조하게 되었다. 또한 규슈 지방의 방언인 「킷토카츠토오きっとかつとお, 꼭 이길 거야」가 「킷캣」과 발음이 비슷해서 수험생 사이에서 화제가 되어 지금은 「수험생이라면 킷캣이지」라는 이미지가 정착되었다. 4핑거나 더 작게 나뉘는 유형 등 다양한 제품이 있다.

타블리아 [TABLIA]

카카오 빈을 페이스트 상태로 만들어 태블릿 모양으로 굳힌 필리핀 음식. 뜨거운 물에 녹이고 설탕과 우유를 첨가하여 초콜릿 드링크로 먹거나 죽에 넣어 간식으로 먹기도 한다. 카카오 입자가 거칠거칠해서 독특한 느낌이 난다.

태블릿 초콜릿 [Tablette chocolate]

초콜릿을 판 형태로 만든 것. 초콜릿 생지 그대로의 맛을 느낄 수 있는 형태의 초콜릿이다.
→「솔리드초콜릿」

초콜릿의 맛을 다이렉트로! 판 초콜릿

테오브로마 카카오 [Theobroma Cacao]

카카오 나무의 학명. 스웨덴 과학자 칼 폰 린네가 붙인 이름이다. 속명인 테오브로마는 그리스어로 「신들의 음식」을 의미하며 종명인 카카오는 멕시코, 중앙 아메리카의 호칭에서 유래했다.
→「칼 폰 린네」

테오브로민 [Theobromin]

초콜릿에 함유된 성분으로 특유의 달콤한 향을 가지고 있다. 이 향기에는 집중력, 주의력, 기억력을 높이거나 정신을 편하게 풀어주는 효과가 있다고. 이 이름은 신의 음식을 의미하는 「테오브로마 카카오」에서 유래했다.
→「테오브로마 카카오」

E

theobromin

템퍼링 [Tempering]

카카오에 함유된 카카오 버터가 특수한 구조를 지닌 유지이기 때문에 분자 결정을 더욱 안정하기 쉬운 상태로 만들고 초콜릿을 굳히기 위해 온도를 조정하는 일. 적절하게 템퍼링되면 윤기가 돌고 얼룩 없이 굳으며 입에서 부드럽게 녹는 초콜릿으로 완성된다. 공장에서는 온도 관리된 기계로 템퍼링을 하지만 쇼콜라티에나 가정에서 템퍼링할 경우 몇 가지 방법이 있다. 용해된 초콜릿을 볼에 넣고 물을 채운 볼 위에 올려 식히는 수랭법. 녹인 초콜릿을 마블Marble, 대리석 작업대 위에서 펼쳤다 모았다 반복하며 식히는 「대리석법」. 녹인 초콜릿에 녹지 않은 초콜릿을 더해서 조절하는 「시딩법(접종법)」이 있다.
→「블룸 현상」,「마블」

템퍼링 방법은 여러 가지가 있지

트랑블뢰즈 [Trembleuse]

컵 바닥의 직경에 맞춰 컵받침에 홈이 패인 타입의 초콜릿 컵. 프랑스어로 「떨리다」를 의미하는 이 컵은 액체의 무게로 손이 떨려서 컵이 미끄러져 떨어지지 않도록 고안되었다고 한다. 트램블러즈라고도 불린다.

꼭 맞게 끼워진다

트뤼플 포크 [Truffle fork]

초콜릿 포크라고도 부른다. 끝부분이 고리, 나선, 3~5개의 창으로 된 것 등이 있다. 만들어진 가나슈나 트뤼프 볼을 끝에 올려 녹인 초콜릿 안에 빠트렸다 꺼내는 작업을 할 때 사용하는 도구다.

트뤼플을 만들 때 사용

트리투바 [Tree to bar]

빈투바보다 더 깊이 관여하여 카카오 나무 재배부터 초콜릿 제작에 관여하는 것을 트리투바라고 부르는 경우가 있다.
→「빈투바」

Tree to Bar

틀 분리

냉각되어 굳은 초콜릿을 몰드에서 빼내는 것. 액체에서 고체가 된 초콜릿은 부피가 줄어들기 때문에 틀을 뒤집어 조금만 힘을 주면 간단하게 빼낼 수 있다.

틀라켓살리 [Tlaquetzalli]

아즈텍 말로「소중한 것」을 의미하는 아즈텍 왕후 귀족에게 사랑받던 초콜릿 음료. 매우 고급이라 인정받던 음료로, 끓일 때도 상당한 공이 들어간다. 카카오 빈을 돌절구에서 갈아 가루로 만들고 공기를 잘 포함시키면서 물을 부어 거품을 확실히 일으켜서 바쳤다고 하는데, 2000년에 만들어진 영화「초콜릿Chocolat」(한국에는 2001년 2월에 개봉)에서도 틀라켓살리를 참고한 칠리페퍼가 들어간 초콜릿 드링크가 등장한다.
→「거품」

톡쏘는 맛
거품이 보글보글

티라민 [Tyramine]

편두통 유발물질의 일종
→「편두통」

팀탐 [TimTam]

1964년에 오스트레일리아에서 발매되었으며 일본은 물론 최근에는 한국에서도 많이 친숙해진 초콜릿 비스킷. 바삭바삭한 초콜릿 비스킷에 매끈한 초콜릿 크림을 사이에 넣은 뒤 다시 전체를 초콜릿으로 코팅한, 그야말로 초콜릿으로 만든 과자이다.

초콜릿으로 가득한 과자

ㅌ

모두가 행복해지기 위해

공정 무역이란 무엇인가?

사람답게 살 수 있도록 정당한 가격으로 거래합니다.

무엇이 문제인가?

생산자가 더 좋은 생활을 누릴 수 있도록, 만들어진 물건을 적정 가격에 매매하는 것을 공정무역이라고 합니다.

카카오는 가혹한 노동 환경을 바탕으로 재배되는 일이 많아 최근 몇 년동안 세계적으로 문제의식이 높아졌습니다.

공정무역의 기준은 인증단체에 따라 달라지는데, 여기에서는 세계 125개국 이상에 유통하고 유럽과 미국에서 인지도가 가장 높은 단체 중 하나인 페어트레이드 인터내셔널Fairtrade International의 국제 공정무역 기준을 소개합니다.

국제 공정무역 기준은 크게 나눠 「경제적 기준」 「사회적 기준」 「환경적 기준」의 세 가지가 있습니다.

「경제적 기준」

생산자에 대해 최저가격의 보증, 그에 더해 생산지역의 발전을 위한 자금인 프리미엄(장려금)을 지불할 것, 선불, 장기적인 안정된 거래 등이 의무 조항으로 붙어 있습니다.

「사회적 기준」

아동노동, 강제노동 금지, 안전한 노동환경, 민주적인 운영, 노동자의 인권, 생산지역의 사회 발전 프로젝트를 설정하기 등을 지키지 않으면 안 됩니다.

「환경적 기준」

농약·약품의 사용에 관한 규정, 토양·수원의 관리, 환경에 우수한 농업일 것, 유기재배의 권장, 유전자 조작 금지 등이 설정되어 있습니다.

공정무역 라벨은 여러 가지가 있지만

페어트레이드 인터내셔널의 인증라벨은 이 기준을 생산자, 무역회사, 유통, 초콜릿 제조회사 모두가 준수한다는 점이 확인되면 취득할 수 있습니다.

또한, 어떤 제품이 페어트레이드 인터내셔널의 인증 라벨을 취득하기 위해서는 페어트레이드 인터내셔널의 인증대상 생산품으로 정해진 원재료의

전부가 기준을 충족할 필요가 있습니다. 초콜릿의 경우라면 주요 원료인 카카오 빈과 설탕, 견과류나 건조파일이 들어간 초콜릿이라면 해당 재료도 포함하여 이 기준을 충족해야 비로소 국제 공정무역 인증 라벨을 취득할 수 있습니다. (참고로 밀크 초콜릿은 대상 밖이라고 합니다.)

여기에 소개한 내용은 페어트레이드 인터내셔널의 기준입니다. 상품에 따라 인증라벨이 없어도 제조사나 단체의 독자적인 기준으로 공정무역 상품이라고 판매되는 것도 있습니다. 어떤 기준에 의해 공정무역 제품으로 판매되는지 흥미가 있는 분은 상품 패키지나 웹사이트에서 내용을 확인해보기 바랍니다.

파 · 하

파라솔 초콜릿

1954년에 후지야不二家에서 발매한 초콜릿. 우산 자루를 본떠 만든 손잡이로 초콜릿을 직접 손으로 만지지 않고 먹을 수 있다.

파트 드 카카오 [Pâte de Cacao]

프랑스어로「카카오 매스」를 의미한다.
→「카카오 매스」

파트 아 글라세 [Pâte á glacer]

주로 코팅용으로 사용되는 초콜릿. 커버추어와 다른 점은 카카오 버터가 아니라 결정구조가 안정된 식물성 유지 등이 사용된다는 점이다. 그래서 템퍼링 해서 결정을 안정화시키는 작업 없이 중탕으로 녹여 그대로 사용할 수 있다.

ㅍ

판 하우턴 [Van Houten]

1815년, 네덜란드에서 초콜릿 제조사로 창업하여 2대인 쿤라트 요하네스 판 하우턴이 초콜릿의 4대 발명 중 하나로 꼽히는 카카오 파우더와 더칭 제법을 발명했다. 코코아의 역사는 판 하우턴의 역사라고 할 수 있다.
→「카카오파우더」,「더칭」

판 하우턴 [Coenraad Johannes Van Houten]

1801-1887년. 네덜란드의 과학자. 세계 최초로 카카오파우더의 특허를 취득했다. 카카오 빈에서 카카오 버터 일부를 제거하고 카카오파우더(코코아)를 만드는 데 성공했으며, 카카오파우더에 알칼리를 더해 뜨거운 물과 잘 섞이게 만드는 더칭이라는 제법도 발명했다. [1]
→「더칭」,「4대 발명」

코코아도 발명했지

팔레 [Palet]

초콜릿을 둥글게 짜서 원반 모양으로 만든 것. 땅콩이나 말린 과일을 토핑으로 올린 것은 망디안이라고 부른다. 팔레는 프랑스어로「평평하고 작은 원형」이라는 의미이다.
→「망디안」

팔레트나이프 [palette knife]

몰드에 남은 여분의 초콜릿을 떨어트리거나 코포를 만들고 작업대에서 초콜릿을 떼낼 때, 혹은 대리석 판 위에서 초콜릿을 템퍼링할 때에 사용한다.
→「코포」

여러 가지
모양이 있어요

팽 오 쇼콜라 [Pain au chocolat]

바삭한 크루아상 생지에 바통이라고 불리는 막대 모양의 초콜릿을 감싸 구운 빵. 프랑스에서 태어난 것으로 아려져 있으며 남서 프랑스나 캐나다 퀘벡주에서는 쇼콜라틴Chocolatine이라고도 불린다.

팻 블룸 [Fat bloom]

초콜릿의 표면에 지방 결정이 생긴 상태이다. 템퍼링(온도조정)이 적절하게 이루어지지 않으면 카카오 버터에 함유된 여러 형태의 분자 재결정화가 균일하게 이루어지지 못하고 늦게 굳어진 분자가 표면으로 부상하여 팻 블룸이 형성된다.
→「템퍼링」,「블룸 현상」

Fat bloom 현상

페레로 [FERRERO]

1946년, 이탈리아의 피에몬테에서 창업한 식품 제조사로「누텔라」나「페레로 로셰」로 유명하다.
→「누텔라」,「로셰」

페브 드 카카오 [feve de Cacao]

프랑스어로 카카오 빈.
→「카카오 빈」

페이라노 [PEYRANO]

1915년, 이탈리아 토리노에서 창업한 초콜릿 가게. 전통 제법을 충실하게 따르며 현재도 카카오 빈의 로스팅부터 완제품까지 일관 제조를 하고 있는 빈투바 노포이다.
→「빈투바」

펠리페 2세 [Felipe II]

1527-1598년. 카를로스 1세의 아들로, 스페인 왕. 스페인의 에르난 코르테스가 아즈텍 문명을 정복하고 카카오를 가지고 돌아와 헌상한 것이 카를로스 1세. 그 아들이 펠리페 2세이다. 당시 초콜릿은 외부로 가지고 나갈 수 없었으며 오직 궁정 안에서만 먹을 수 있는 귀중품이었다. 왕세자 시절 최초의 아내로 포르투갈 공주가 시집왔고 그 인연으로 포르투갈 궁정에도 초콜릿이 전달되었다고 전해진다.

집의 결혼을 계기로
포르투갈에도 초콜릿이
전해졌습니다.

편두통 [偏頭痛]

초콜릿에는 편두통 유발물질의 하나인 티라민이 함유되어 있어서 두통의 원인이 되기도 한다.
→「티라민」

지끈지끈…

포레 누아르 [Foret-noire]

프랑스어로 「검은 숲」을 의미하는 이름의 케이크. 원래는 독일을 대표하는 과자의 하나로, 독일어로는 「슈바르츠벨더 키르슈토르테」라고 한다. 초콜릿이 들어간 스폰지에 휘핑크림과 키르슈에 절인 체리를 쌓아 전체를 휘핑크림으로 덮는다. 촉촉한 식감의 초콜릿 케이크이다. 독일의 슈바르츠발트 지방의 검은 숲은 체리의 산지라고 한다.
→「여러 가지 초콜릿 케이크」

포스터

포스터는 다이쇼부터 쇼와 초기에 걸쳐 인기 광고 매체였다. 예를 들어 모리나가제과의 경우, 단순히 상품명을 알리는 것만이 아니라 초콜릿이라는 서양식 과자로 상징되는 새로운 시대의 호흡이 느껴지며 참신함과 품질의 우수함에 어울리는 우아하고 세련된 디자인의 포스터를 많이 선보였다.

사진 제공 : 모리나가제과

포키초콜릿

에자키 글리코가 1966년에 발매한 초콜릿 과자.
먼저 발매된 인기 스낵 「프릿츠プリッツ」에 초콜릿
을 코팅하면 어떨까 하는 아이디어에서 개발되었
다고 한다. 손으로 쥐는 부분을 남겨둬서 손을 더
럽히지 않고 먹을 수 있는 것이 특징. 1975년에는
브랜디나 위스키 글래스에 얼음을 띄우고 술을
젓는 머들러Muddler 대신 포키를 쓰는 「포키 온더
락」이 유행했다.
→「미카도」

포테이토칩 초콜릿

[ポテトチップチョコレート]

포테이토칩의 한쪽 면에 초콜릿을 씌운 과자로
일본 로이즈ロイズ

의 제품. 짠맛과
단맛의 밸런스가
절묘해서 계속 먹
고 싶어진다.
→「로이즈」

단짠의 중독성 있는 맛

폴리카보네이트 [Polycarbonate]

초콜릿 틀(몰드)의 소재. 폴리카보네이트제 몰드
는 온도의 변화에 강하고 튼튼해서 오래 쓸 수 있
다. 대형 메이커의 공장에서도 폴리카보네이트
제 틀이 사용되고 있다. 몰드의 재질로 예전에는
납 중심의 주형(거푸집)이 많았다고 하지만, 이후
베이클라이트로 틀을 만들었으며 오
늘날에는 폴리카보네이트제가
주류이다. 실리콘 틀도
있다.
→「몰드」

튼튼해요!

폴리페놀

[Polyphenol]

레드와인에 함유된
것으로 유명한데 초
콜릿에도 풍부하게 들어
있다. 암이나 동맥경화 등 여
러 질환의 원인으로 언급되는 활성산소의 작용을
억제하는 성분으로도 주목을 받고 있다.
→「카카오 빈」

퐁당 [Fondant]

부드러운 토핑용 당의. 졸인 설탕시럽을 교반하며
냉각시키면 설탕이 결정화된 상태로 완성된다. 초
콜릿을 추가한 퐁당은 에클레어나 자허토르테, 도
넛 등의 토핑으로 사용된다.

살짝 바삭하게 씹히는 맛

퐁당 쇼콜라 [Fondant chocolat]

포크로 쪼개면 따끈따끈한 초콜릿 케이크 속에서
끈적한 초콜릿이 흘러나오는 과자. 만들 때 유의
할 점은 굽는 시간을 짧게, 중심부분은 남은 열로
익힌다는 것. 퐁당
오 쇼콜라나 쇼콜
라 퐁당이라고 부
르기도 한다. 퐁당
은 프랑스어로 「녹
는다」라는 의미.

쪼개면 녹진한
초콜릿이~

ㅍ

푸아르 벨 엘렌
[Poire belle-hélène]

바닐라 아이스크림 위에 시럽으로 졸인 서양배를
올리고 따뜻한 초콜릿 소스를 올린 디저트. 자크
오펜바흐Jacques Offenbach의 오페레타 「아름다운
엘렌La belle Hélène」에 대한 오마주로 제작된 디저
트여서 이런 이름이 붙었다고 전해진다.

품종 [品種]

카카오 빈의 대표적인 품종을 말하자면 「크리올
로」, 「포라스테로」, 「트리니타리오」의 세 가지가
있으나 이외에도 많은 종류가 있다. 각각의 품종
이 맛과 향의 특성이 다르지만 같은 품종이라도
재배된 토지에 따라 개성에 더욱 차이가 생긴다.
그 깊은 맛은 커피나 와인과도 같다.

[포라스테로 종]
포라스테로는 스페인어로 「외지인」이라는 의미이
다. 포라스테로 종은 아마존 주변 지역에서 기원
했다는 설이 있다. 자극적인 향으로 쓴맛과 떫은
맛, 산미가 강하지만 병해에 강하고 재배가 쉬워
서 카카오 생산량의 약 90% 가까이를 차지한다.

[크리올로 종]
가장 귀중하게 여겨지는 품종으로 크리올로란 스
페인 어로 「토착풍의~」라는 의미이다. 고대, 메소
아메리카에서 재배되던 카카오는 크리올로 종으
로 토착된 식물이라는 의미로 크리올로로 불렀다
고 한다. 아즈텍 제국의 몬테수마왕이 마시던 것
도 크리올로 종. 향이 둥글고 맛도 부드러워 기품
이 느껴지는 맛이지만 병충해에 약해서 재배가 어
렵기 때문에 전체 카카오 생산량의 5% 이하이며
환상의 카카오라고 불리는 경우도 있다.
→「메소아메리카」

[트리니타리오 종]
크리올로 종과 포라스테로 종의 교배를 통해 만들
어진 품종으로 트리니다드에서 탄생했다는 점에
서 이런 이름이 붙었다. 두 품종의 좋은 특성을 두
루 갖춘 하이브리드 종이라고 불린다. 생산량은
전체의 10% 정도.

푸아송 다브릴
[Poisson d'avril]

물고기 모양

4월 1일 만우절을 프
랑스에서는 '4월의 물
고기'라는 뜻의「푸아송 다브릴」라고 부르며 기념
한다. 이 물고기는 고등어를 가리키는데, 고등어
는 머리가 그리 좋지 않아서 4월이 되면 쉽게 낚
을 수 있다는 데서 유래했다고. 딱히 고등어를 닮
았다는 생각이 들지는 않지만 이날에는 물고기 모
양을 한 파이나 케이크, 초콜릿을 먹으며 기념한
다. 예쁘게 색을 입힌 초콜릿이 귀엽게 느껴진다.

풀 코스 디너 [Full-course dinner]

밸런타인 시즌이 되면 레스토랑에서는 초콜릿을
사용하여 만든 밸런타인 메뉴를 만들기도 하는
데, 개중에는 디저트뿐 아니라, 전채나 메인 등 요
리 전체에 초콜릿을 사용한 풀 코스 메뉴까지 존
재한다.

한 접시 한 접시에 초콜릿이?!

퓨어 오리진 [Pure origin]

→「싱글 오리진/싱글 에스테이트」

프라이 앤드 선즈 [JS Fry&Sons]

고형 초콜릿을 처음으로 만든 영국의 초콜릿 회사
→「조지프 스토어즈 프라이」

프란시스코 에르난데스
[Francisco Hernandez]

1514-1584년. 스페인 국왕 펠리페 2세를 모신 의
사이자 식물학자. 펠리페 2세의 명령으로 메소아
메리카에 건너가 1572-1577년까지 멕시코에 체류
하면서 아즈텍 족의 협력자를 통해 카카오 나무의
일반명「카카와쿠아위틀」을 알게 되었다고 한다.
그는 메소아메리카에 자생하는 식물 3,000종의 나
우아틀어 명칭과 그림을 책으로 정리했지만 유감
스럽게도 원본은 화재로 소실되고 말았다.

프란체스코 카를레티
[Francesco Carletti]

이탈리아 피렌체의 상인으로 세계의 바다를 여행
한 인물. 카를레티의 견문록에는 카카오 재배나
가공처리, 몰리니요를 사용한 음료 제조법까지 공
정이 상세하게 적혀있어서 이탈리아에 초콜릿을
전한 인물로 일컬어진다. [1]
→「몰리니요」

프랄리네 [Praliné]

아몬드나 헤이즐넛을 캐러멜과 섞어 부순 것이나
롤러로 밀어서 페이스트형으로 만든 것. 독일어
프랄리네마세Pralinemasse에서 왔다. 독일, 스위
스, 벨기에에서는 한입 크기의 필링이 들어간 초
콜릿을「프랄리네」라고 부른다.

ㅍ

견과류가 듬뿍

프랄린 [Praline]

벨기에, 스위스, 독일 등에서는 몰드로 형태를 만든 초콜릿에 필링을 넣은 한 입 크기 초콜릿을 프랄린, 또는 프랄리네라고 부른다. 프랑스에서는 「봉봉 쇼콜라」가 된다. 단, 프랑스어로 「프랄린」은 아몬드를 구워서 캐러멜을 뿌린 것을 가리킨다.

프랑수아 루이 카이에
[Francois-Louis Callier]

1796-1852년. 1819년에 스위스에서 최초의 초콜릿 공장을 만든 인물. 이탈리아의 토리노에 있는 카파렐사에서 초콜릿 제조 기술을 배우고 그의 공장에서는 스스로 개발한 기계를 이용했다고 한다. 밀크초콜릿을 탄생시킨 다니엘 페터는 그의 사위다.
→「카파렐」, 「다니엘 페터」

프로피테홀 오 쇼콜라
[Profiteroles au chocolat]

프랑스 전통 디저트. 작은 슈 생지에 아이스크림을 채워, 조금씩 쌓아올리듯 담아내고 초콜릿 소스를 위에 뿌린 것.

초콜릿 소스를 듬뿍~!

Frida Kahlo

프리다 칼로 [Frida Kahlo]

1907-1954년. 20세기를 대표하는 멕시코의 여류화가. 그녀의 일기에 있는 남편 디에고 리베라에게 보낸 편지에는 「고대 멕시코의 달콤한 초콜릿, 입을 통해 들어오는 혈액 속의 폭풍」이라는 참으로 관능적인 말이 적혀 있다. 또한 나우아틀 어 문자로 초콜릿을 의미하는 「XOCOLATL」이 적혀있는 판 초콜릿은 그 포장지에 보이는 그림도 그려져 있고 그림 윗부분에는 잎이나 가지가 피어나고 있다. 이 신기한 그림을 보고 있으면 멕시코 사람인 그녀에게 있어서 초콜릿은 정신 깊은 곳까지 스며들어있는 존재라는 생각이 든다.

피부미용 [Esthetic treatment]

초콜릿을 사용한 피부미용요법이 있다는 사실을 알고 계신지? 카카오 폴리페놀의 효과로 피부결을 정돈하거나 달콤한 향으로 기분을 릴랙스할 수 있다. 100% 카카오에 벌꿀을 더해 몸에 팩을 해주는 피부살롱도 있다고 한다.
→「폴리페놀」

나도 예뻐지고 싶어~

필리프 슈샤르 [Philippe Suchard]

1797-1874년. 1826년에 스위스에서 두 번째로 초
콜릿 공장을 세우고 「밀카」를 창업한 사람이다.
공장에서는 슈샤르가 직접 개발한 기계를 사용했
는데 그 중에는 세계 최초의 혼합기도 있었다.[※1]
→「밀카」

핑거 초콜릿

길고 가는 비스킷을 초콜릿으로 코팅한 과자. 금
박지나 은박지로 감싸고 손가락 같은 모양때문에
붙은 「핑거 초코」라는 애칭으로 친숙하다.

핑거 초콜릿~

하세쿠라 쓰네나가 [支倉常長]

1571-1622년. 다테 마사무네의 가신. 1613년에
마사무네에 의해 게이초 유럽파견사절단을 따라
멕시코 경유로 스페인에 파견되었다. 멕시코도
스페인도 초콜릿의 본고장라는
점에서 하세쿠라 쓰네나가가
일본에서 최초로 초콜릿을
먹어본 것은 아닐까? 라는
설도 있으며 그의 출신지
미야기현 야마키초에
는 그를 참고한 「초코
에몬」이라는 캐릭터
도 있다.
→「초코에몬」

일본인으로는 최초로 초콜릿을 먹은(마신) 사람?

하이크라운 초콜릿

모리나가제과가 1964년에
발매한 초콜릿. 서양의 고
급 담배 상자에서 힌트를
얻어 만든 패키지나 고급
스러운 느낌, 본격적인 고
품질, 임팩트 있는 광고 전개, 좋은 휴대성으로 인
기를 끌었다.

하트 [heart]

하트 모양을 한 초콜릿. 봉
봉, 솔리드, 몰드, 초콜릿 케
이크, 여러 유형이 있다. 밸
런타인 시즌은 특히 인기.
빨강이나 분홍색으로 코팅
된 하트 모양 초콜릿은 사랑
을 호소하는 힘도 만점이다.

입체감이 있는것

검은 조각 초콜릿

할로윈 [Halloween]

고대 켈트 문명에서 기원된 축제로 매년 10월 31
일에 열린다. 원래는 수확을 축하하고 악령을 쫓
아내는 행사였지만 미국에서는 아이들이 괴물이
나 마녀로 가장하고 「Trick or Trea과자를 주지 않으
면 장난을 칠 거예요」라고 말하며 집집마다 돌아다니
는 즐거운 이벤트로 변했으며 각 가정에서는 아이
들에게 초콜릿이나 사탕, 쿠키 등을 나눠준다. 일
본은 물론 최근에는 한국에서도 9월부터 10월경
이 되면 호박을 도려내어 만든 할로윈의 상징, 잭
오 랜턴을 본딴 귀여운 초콜릿이 가게에 진열되고
있다.

호박 랜턴이나 유령 초콜릿도 등장

읽기만 해도 맛있다?

문학 속의 초콜릿

초콜릿이 등장하는 작품이나 초콜릿과 깊은 관계가 있는 인물을 소개합니다.

『악마의 정원에서-죄악과 매혹으로 가득 찬 금기 음식의 역사In the Devil's Garden: A Sinful History of Forbidden Food』
(스튜어트 리 앨런Stewart Lee Allen 저)

음식에 대한 유혹이나 욕망, 터부를 기독교 7대 죄악에 따라 고찰한 세계 식문화에 대한 책. 초콜릿은 「색욕Lust」의 메뉴에 들어가 있습니다. 사드 후작의 성욕과 연관 지어 이야기되며, 이 책을 읽은 뒤에 초콜릿을 먹으면 자신이 죄가 깊은 인간처럼 여겨지기도 합니다.

『빨간 머리 앤Anne of Green Gables』
(루시 모드 몽고메리Lucy Maud Montgomery 저)

상상력이 풍부한 고아 앤 셜리가 매슈와 마릴라 남매에게 맡겨져 그린게이블즈에서 성장해가는 모습을 묘사한 이야기. 매슈가 마릴라 몰래 초콜릿 캐러멜을 사오는데 앤이 표현한 캐러멜 맛이 무척 침샘을 자극합니다.

마치 꿈같은 맛

명탐정이라오~

에르퀼 푸아로
[Hercule Poirot]

벨기에 출신의 명탐정, 에르퀼 푸아로는 초콜릿을 무척 좋아합니다. 때문에 작중에도 초콜릿이 종종 등장하지요.

『세 번째 여인Third girl』
(애거서 크리스티Agatha Christie 저)

『세 번째 여인』의 서두에는 초콜릿 드링크와 브리오슈를 아침식사로 먹는 모습이 묘사되어 있습니다. 두뇌가 명석한 사람과 초콜릿이라니 잘 어울리네요.

『초콜릿 상자The Chocolate Box』
(『빅토리 무도회 사건Short Story Collection: The Affair at the Victory Ball』수록 작품)
(애거서 크리스티 저)

에르퀼 푸아로 시리즈 가운데 한 편. 사건의 열쇠가 되는 것은 분홍색 본체에 파란색 뚜껑, 그리고 파란색 본체에 분홍색 뚜껑을 한 두 개의 초콜릿 상자라고 하네요.

상자에 수수께끼가····

『초콜릿 레볼루션Bootleg』
(알렉스 시어러Alex Shearer 저)

'국민건강당'이 권력을 잡은 영국. 어느 날, 느닷없이 초콜릿 금지법이 발령됩니다. 하굣길에 초콜릿을 사먹는 게 낙이었던 우리의 주인공 스머거와 헌틀리는 이에 반발하는데요. 초콜릿을 사랑하는 여러분이라면 납득할 수 없다며 공감하시겠지만, 「초콜릿」을 「자유」로 바꿔 적으면 더 많은 이들이 공감할 내용이 됩니다. 과연 두 소년의 투쟁은 성공할 수 있을까요?

『찰리와 초콜릿 공장
Charlie and The Chocolate Factory』
(로알드 달Roald Dahl 저)

영화 「찰리와 초콜릿 공장」의 원작. 영화 이미지와 제목을 보면 아동서라는 이미지가 있지만 블랙 유머가 상당히 녹아 있어서 어른이 읽어도 충분히 재미있습니다. 그만큼 아이들에게는 쓴맛이 강할지도 모릅니다.

『헨젤과 그레텔』
(그림 형제 저)

그림 형제의 『헨젤과 그레텔』에 나오는 과자의 집은 빵으로 된 벽에, 과자로 만든 지붕, 반짝이는 설탕 세공으로 창문을 만들었다고 합니다. 초콜릿을 사용했다는 기록은 없지만, 가정에서 과자로 집을 만들 때 지붕이나 벽으로 판 초콜릿을 사용하면 편리하다고 하네요. 구획이 분명하게 나뉘어져 있어 만들기 쉬운데다 완성했을 때 벽돌집 같은 느낌이라고 합니다.

『초콜릿 전쟁チョコレート』
(오이시 마코토大石真 저)

마을 최고의 케이크 가게 간판을 부쉈다는 누명을 쓴 아이들이 복수를 꾀하는 모험 이야기. 표제인 「초콜릿 전쟁」만 봐도 두근대는 느낌이 생깁니다. 아이들이 초콜릿 성을 몰래 빠져나오는 계획을 세우거나, 어른들이 반성하고 케이크를 선물하게 되는 등 조금 신기한 전개가 이어지는 한편, 이야기의 축이 의외로 도덕적이어서 아이들이 마음속으로 정의가 무엇인지 생각하게 되는 이야기입니다.

판 초콜릿을 사용하면 짓기 쉬워져요

「초콜릿어역 헝클어진 머리칼
チョコレート語訳 みだれ髪」

(다와라 마치俵万智 저)

요사노 아키코与謝野 晶子의 「헝클어진 머리칼みだ
れ髪」을 다와라 마치가 초콜릿어, 즉 현대어판으로
번역한 단가집. 넘쳐흐르는 정열을 '초콜릿어'로
번역하면 이렇게 되는구나 싶어, 신선한 느낌이
듭니다.

다와라 마치

다와라 마치

1952년생 가인. 최초의 단가집 『샐러드 기념
일サラダ記念日』로 등장. 세 번째 단가집 『초콜
릿 혁명チョコレート革命』의 제목은 「남자가 아니
라 어른의 대답을 하는 당신에게 초콜릿 혁명
을 일으킨다」는 노래가사에서 만들어졌다고
합니다. 요사노 아키코의 『헝클어진 머리칼』
을 『초콜릿어역 헝클어진 머리칼』로 다시 노
래했으며, 모리나가제과의 「러브 메시지 단가
ラブメッセージ短歌」의 심사위원을 역임하기도 했
지요. 1998년 개설된 공식사이트 이름은 「다
와라 마치의 초콜릿 박스俵万智のチョコレートBOX」
로, 아마도 초콜릿을 무척 좋아하는 것이 아
닐까 합니다.

『푸카푸카 초콜릿도
プカプカチョコレー島』시리즈

(하라 유타카 저)

하라 유타카의 아동문학 시리즈. 비터 박사가 초
콜릿을 가지고 만들어 낸 초콜릿도チョコレー島는 일
본어로 초콜릿을 의미하는 チョコレート와 발음이 같다·편집자
주는 여행하는 모험이야기로, 초등학교 저학년 대
상작품이지만 어른이 읽어도 가슴이 두근두근합
니다. 왜냐하면 초콜릿도가 녹아버리는 건 아닌지
걱정이 되기 때문이라나요.

나쓰메 소세키夏目漱石

일본을 대표하는 소설가 나쓰메 소세키. 그는 단
음식을 무척 좋아했다고 하는데요. 그 때문인지
그의 작품에서도 종종 달콤한 음식이 등장하곤 합
니다. 그의 대표작인 『마음こころ』과 『양귀비虞美人
草』에서는 초콜릿을 바른 카스테라가 등장했는데,
『마음』에서는 부인이 이것을 종이에 싸서 주인공
에게 건네주는 장면이 나오지요. 참고로 여기서는
초콜릿색을 '솔개색'이라 표현했다고 하네요.

작중에 등장했어요~

할로초콜릿 [Hollow chocolate]

속이 비어있는 초콜릿으로 안에 모형이 들어있는
경우가 많다. 이스터 에그가 유명하지만 인형이나
동물, 과일 등 다양한 입체형으로도 만들 수 있다.

합스부르크 왕가 [Haus Habsburg]

중세부터 20세기 초까지 강대한 세력을 자랑하며
유럽 최대의 명문왕가로 불렸다. 크게 나눠 스페
인계 합스부르크 왕가와 오스트리아계 합스부르
크 왕가가 있는데 두 쪽 모두 혈연제도를 이용한
정략결혼을 반복하여 군사력 이상으로 혼인을 통
해 세력을 확대해갔다. 유럽 최초로 초콜릿이 전
해진 것은 스페인이었지만 초콜릿을 즐겼던 합스
부르크 왕가의 공주들이 타국으로 시집을 가면서
초콜릿도 유럽 전체로 널리 퍼져갔다.

초콜릿을 널리 퍼뜨린 왕가

항산화작용 [抗酸化作用]

카카오의 폴리페놀에는 항산화작용이 있다. 때문
에 초콜릿에는 동맥경화 예방이나 안티에이징, 스
트레스 대책에 효과가 있다고 한다.
→「폴리페놀」

핸드 블렌더
[Hand blender]

가나슈를 섞을 때 거품기 대신
핸드 블렌더를 사용하면 매끈
하게 유화된다. 또한 초콜릿
드링크를 핸드 블렌더로 섞으
면 깜짝 놀랄 정도로 혀에 닿
는 느낌이 부드러워진다.

초콜릿을
즐길 때
여러모로
편리하지요~

향수 [香水, Perfume]

초콜릿의 달콤한 향기를 본딴 향수가 여러 화장
품, 향수 제조사에 의해 제조되고 있다. 맛있을 것
같은 향을 몸에 뿌리면 자기 자신에게 황홀하게
반할 거 같다.

달콤한 향기에
행복이~

허쉬 [Hershey]

1894년 밀턴 허쉬가 창업한 미국을 대표하는 초
콜릿 회사. 펜실베니아 주 딜리타운십에 있는 허
쉬타운 주위에 펼쳐진 농장에서 신선한 우유를
매입하여 대량생산으로 밀크초콜릿을 생산. 「키
세스」나 「초콜릿바」 등, 인기초콜릿을 제조하고
있다.

ㅎ

초기의 제품 광고 사진.

헬리코박터 파일로리 [Helicobacter pylori]

인간의 위장 안에 존재하며 위염이나 위궤양, 십이지장궤양 등의 원인이 되는 병원균. 카카오 폴리페놀과 카카오에 함유된 지방분의 일부에는 헬리코박터 파일로리 균의 살균작용이 있다고 한다. ※10

호리병박

아즈텍에서는 초콜릿을 히카라라고 부르는 호리병박 잔을 이용해 마셨다.

혼농임업 [混農林業, Agroforestry]

농업Agriculture과 임업Forestry가 결합된 단어로 환경을 파괴하지 않으면서 작물을 재배하는 농법. 삼림을 벌채한 뒤의 토지에 자연 생태계에 따라 다종의 농림산물을 공생시키면서 재배한다. 특히 유명한 것이 카카오와 후추의 동시재배로 시작된 브라질의 일본인 거주지역인 토메아수Tomé-Açu의 혼농임업. 현재 이곳에서는 아사이, 아세롤라, 코코넛 등 100종류 이상의 농작물이 이 농법으로 생산되고 있다.

숲과 함께!

홈의 비밀

초콜릿의 홈은 쉽게 쪼개기 위해서라고 생각하는 사람이 많지 않을까. 사실은 그 뿐만이 아니다. 제조상의 이유도 있다. 초콜릿을 틀에 부어넣어 굳힐 때 초콜릿의 틀과 초콜릿이 닿는 표면적을 넓힘으로써 빨리 균등하게 식어서 굳는 것이다.

표면적의 차이

홍차 [紅茶]

찻잎의 종류나 블렌드에 따라 풍미나 개성이 달라지지만 섬세한 맛의 초콜릿을 맛보고 싶을 때는 뚜렷한 특징이 없는 유형의 홍차와 함께 먹으면 초콜릿 본래의 맛을 즐길 수 있다. 초콜릿 맛 홍차도 있어서 밀크티로 만들거나 우유로 맛을 우려내면 디저트 드링크같은 맛이 나며, 홍차 찻잎을 잘게 빻아 반죽해 넣은 봉봉도 있어서 독특한 식감과 향을 즐길 수 있다고 한다.

Tea

영화 속의
초콜릿

초콜릿은 영화 속 주역, 명조연, 때로는 「숨은 맛」으로 등장하고 있다.
여기에서는 리카코가 좋아하는 영화를 소개해본다.

「찰리와 초콜릿 공장」

팀 버튼이 그리는 초콜릿의 신비한 세계

로알드 달이 쓴 동명의 소설을 팀 버튼 감독이 영화화. 과자를 만드는 천재 *윌리 윙카의 초콜릿 공장에 골든티켓을 손에 넣은 다섯 명의 아이와 그 보호자들만이 초대된다. 신비한 공장을 둘러싼 모험의 두근거림과 영상의 아름다움은 몇번을 보아도 색이 바래지 않는 매력이 있다.

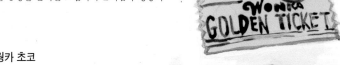

윙카 초코

윌리윙카의 극비제법으로 만들어낸 태블릿 초콜릿. 영어판으로는 「Candybar」라고 불린다. 초콜릿 공장의 초대장 골든 티켓은 이 초콜릿에 숨겨져 있었다.

움파룸파Oompa-loompa

인간을 불신하는 윌리 윙카가 룸파랜드에서 만난 업무 파트너. 카카오를 매우 좋아하며 춤을 잘 춘다.

「찰리와 초콜릿 공장」
(2005년, 미국)
감독: 팀 버튼
출연: 조니 뎁, 프레디 하이모어, 데이빗 켈리
워너 브러더스 홈 엔터테인먼트 제공

윌리 웡카

어릴 적에는 치과의사인 아버지가 과자를 금지시켰고 할로윈에 받은 과자까지도 전부 태워졌다. 그러나 타고 남은 초콜릿을 먹어본 이후 초콜릿과 함께 살기로 결의. 천재적인 발상으로 차례차례 꿈처럼 과자를 만든다. 스파이가 레시피를 훔쳐가서 인간을 불신하게 되었지만 찰리와의 만남을 통해 사랑의 중요함을 알아간다.

찰리와 가족

찰리는 양친과 네 명의 조부모까지 총 일곱 명이 함께 산다. 가난하지만 사랑받으며 자란 찰리는 일년에 한 번만 생일 선물로 좋아하는 초콜릿을 하나 받는다. 그리고 그 초콜릿을 가족에게 한조각씩 나눠준다. 조부모 네 명을 위한 침대가 집의 정중앙에 있지만 모두 발을 쭉 뻗을 수 있는 건지 신경이 쓰인다.

『초콜릿Chocolat』(2000년, 미국)
감독:러셀 할스트롬
출연: 줄리엣 비노쉬, 조니 뎁, 주디 덴치
워너 브러더스 홈 엔터테인먼트

Chile ↑
Pepper

가게 이름은 「MAYA」

비안느가 연 가게 이름은 「MAYA」. 메소아메리카의 마야 문명에서 유래한 이름이다.

2,000년전 레시피의 초콜릿 드링크

「MAYA」에는 칠리 페퍼가 들어간 초콜릿 드링크가 있다. 비안느 가라사대 『2,000년전의 레시피』. 초콜릿 역사를 읽어보면 2,000년 전에는 이렇게 부드러운 초콜릿 드링크는 없었던 것은 아닌지?라고 생각하겠지만 영화 세계에 세세하게 따지는 것은 촌스러운 일이다.

「초콜릿」

초콜릿의 어른스러운 매력이 그려진 판타지.

북풍과 함께 프랑스의 작은 마을에 찾아온 비안느와 아누크 모녀는 초콜릿 전문점을 연다. 비안느가 만드는 초콜릿은 신기한 힘으로 배타적인 마을에 조금씩 변화를 가져온다. 주연인 줄리엣 비노시의 아름다움과 초콜릿의 맛을 마음껏 묘사한 영상미가 매력적. 보고난 후에는 농후한 초콜릿이 먹고 싶어진다.

사랑의 불꽃을 밝히는 초콜릿

비안느가 싸늘해진 부부생활을 보내는 여성에게 「남편 주세요」라고 추천한 초콜릿이다. 이걸 먹으면 정말 부부관계가 뜨겁게 다시 불타오른다. 대체 무엇이 들어있는 것일까.

비너스의 유두

비너스의 유두를 본딴 초콜릿. 경건한 그리스도교 신자로 촌장이기도 한 백작은 이 매력적인 초콜릿에 불쾌한 모습이었지만 영화를 보는 사람들은 아마 꼭 먹어보고 싶어졌을 거라 생각한다.

존재감 있는 여배우들

연인 줄리엣 비노쉬는 물론이고, 가게의 집주인 아르망 드 역의 주디 덴치도 존재감이 도드라진다. 초콜릿의 단맛이나 쓴맛 등 복잡하고 깊이있는 맛과 여배우들의 심오한 아름다움이 서로 어우러져 울림을 준다.

섹시한 조니 뎁

조니 뎁과 초콜릿이라면 「찰리와 초콜릿 공장」의 윌리 웡카의 괴상한 이미지지만 「초콜릿」에서는 매우 멋있는 역으로 등장한다. 초콜릿을 먹거나 음악을 연주하거나 어떤 장면에서도 섹시하다.

「포레스트 검프」

인생은 초콜릿 상자, 열어보기 전까지 안에 든 것을 알 수 없다

포레스트의 파란만장한 반생을 묘사한 인간 드라마. 초콜릿 상자를 끌어안고 자기 생애를 이야기하는 포레스트는 엄마의 말이라며 「인 생은 초콜릿 상자, 열어보기 전까지 뭐가 들었는지 알 수 없어」라고 말한다. 이것은 미국 영화의 유명한 대사 중 하나로 알려져 있다.

「포레스트 검프」
(1994년, 미국)
감독: 로버트 제메키스
출연:톰 행크스,
샐리 필드, 로빈 라이트

「초콜렛 도넛」

초콜릿 도넛은 행복의 상징

「초콜렛 도넛Any Day Now」
(2012년, 미국)
감독: 트래비스 파인
출연: 알란 커밍,
아이작 레이바,
가렛 딜라헌트
포니 캐넌

1970년대 미국을 무대로 한, 실화를 바탕으로 만든 영화. 사회적 이해를 받기 어려웠던 시대에 게이 커플이 다운증후군 소년을 양육한다는 어려운 주제이지만 소년 마르코가 맛있게 초콜릿 도넛을 먹는 모습이 인상적. 달콤하고 둥그런 초콜릿 도넛은 마르코 소년에게 있어 행복의 상징이 아니었을까?

「줄리 & 줄리아」

초콜릿에 관련된 대사가
마음에 남는다

1960년대에 프랑스 요리책을 출판한 줄리아 차일드와 그 모든 레시피를 1년 동안 만들어 블로그에 올리기로 한 줄리 파월, 두 사람의 실화를 바탕으로 한 영화. 영화 중에는 초콜릿 크림파이나 초콜릿 아몬드 케이크 같이 초콜릿 메뉴가 등장한다.

「줄리 & 줄리아」
(2009년, 미국)
감독: 노라 애프런
출연: 메릴 스트립, 에이미 애덤스,
스탠리 투치
소니 픽처스 엔터테인먼트

「행복의 초콜릿」

초콜릿 제조사를 무대로 한
러브 코미디

초콜릿 제조사를 무대로, 기업인수문제와 연애 드라마가 펼쳐지는 작품. 이 영화의 볼거리는 큰 어른이 초콜릿을 치덕치덕 서로 칠하는 싸움 장면. 으아, 저질러버렸다 라며 즐겁게 웃을 수 있다.

「행복의 초콜릿Wie angelt man sich seine Chefin」(2007년, 독일)
감독: 소피 알레 코시
출연: 소피 스퀴트, 도미닉 라케, 샤를리 휘프너

「E. T」

E.T.도 초콜릿의
유혹에는 이길 수 없다

「E. T.」(1982년, 미국)
감독: 스티븐 스필버그
출연: 헨리 토마스, 디 월레스, 드류 배리모어

스티븐 스필버그의 SF 판타지 명작. 지구에 남겨진 외계인을 아이들은 초코볼을 이용해 자기 집으로 끌어들인다. 머릴 잘 썼던 걸?

「여자는 여자다」

초콜릿은 나오지 않지만…

고다르 영화의 명작으로 초콜릿이 화면에 나
왔던가? 하고 생각하는 분, 그렇다. 사실 초
콜릿은 등장하지 않는다. 그래도 초콜릿 간
판이 휙하고 비춰진다. 시간은 시작한지 54
분쯤 되었을 때, 거리 풍경을 부감으로 촬영
하는 장면. 뭐랄까 마니악한 자료를 내밀어
독자 여러분께는 좀 죄송할 따름. 주연인 안
나 카리나가 무척 예뻤기에 간판에 눈치채지
못하더라도 제법 만족하실 수 있으리라 생각
한다.

「여자는 여자다」
(1961년, 프랑스)
감독: 장 뤽 고다르
출연: 안나 카리나, 장 폴 벨몽도, 장 클로드 브리알리

Une femme est une femme

화분증 [花粉症]

카카오의 폴리페놀은 면역 과잉이나 세포의 히스타민 방출을 억제하기 때문에 화분증의 증상을 완화시킨다고 알려져 있다. 또한 활성산소의 이상 작용을 억제해준다고 한다.

훌쩍…!

화이트초콜릿 [White chocolate]

카카오 버터, 설탕, 유제품이 주 성분. 카카오의 갈색 성분인 카카오 매스가 포함되지 않기 때문에 특유의 유백색을 띠고 있다. 신경이 쓰이는 부분이라면 카카오 매스를 포함하지 않은 화이트초콜릿을 초콜릿이라고 부를 수 있을까 하는 점이지만, 일본에서는 「초콜릿류의 표시에 관한 공정경쟁규약」이라는 독자기준이 있으며, 여기서는 카카오 함유량으로 초콜릿을 분류하고 있다. 카카오분은 카카오 매스와 카카오 버터의 합계이므로 카카오 매스를 포함하지 않아도 카카오 버터가 기준에 달하면 초콜릿이라고 부를 수 있다. 일본에서는 1968년에 롯카테이六花亭에서 처음으로 화이트초콜릿을 발매했다.
→「롯카테이」

흰색은 카카오 버터의 색

회화 [繪畵]

그림 가운데 초콜릿이 묘사된 작품은 멀리는 마야, 아즈텍 시대까지 거슬러 올라가는데 신이나 왕과 함께 그려진 경우가 많으며 초콜릿이 신성하고 무척이나 귀했다는 사실을 알 수 있다. 유럽에서는 17세기부터 18세기까지 사람들의 생활을 그린 「풍속화」장르의 그림 속에 초콜릿이 이따금씩 등장한다. 가장 유명한 그림이 장 에티엔 리오타르Jean-Étienne Liotard가 그린 「초콜릿을 나르는 여인La Belle Chocolatière」일 것이다. 시중을 드는 소녀가 주인에게 초콜릿을 가지고 가는 모습이 그려져 있다. 또한 같은 시대, 이탈리아의 풍속화가였던 피에트로 롱기Pietro Longhi는 귀족들이 우아하게 아침 초콜릿을 즐기는 모습을 「아침의 초콜릿Le Chocolat du Matin」이라는 제목의 그림으로 남겼으며, 로코코 화가 프랑수아 부셰François Boucher도 「아침식사Le Déjeuner」에서 휴식을 즐기는 상류계급의 가족과 함께 쇼콜라티에르Chocolatière, 초콜릿 주전자를 그려놓았다.
→「장 에티엔 리오타르」

장 에티엔 리오타르 작 「초콜릿을 나르는 여인」
사진 제공 : 이시야 제과

ㅎ

후지산 모양 초콜릿

후지산 [富士山]

일본에는 후지산의 모양을 본딴 초콜릿이 많다.
세계문화유산으로 등록된 이후로 더 수가 늘어났
다고 하는데, 그 중에서도 메리 초콜릿의 「후지산
미니어처 크런치 초콜릿」이나 코타코트의 「후지
산 프리미엄 정상 바움쿠헨 초코」등은 후지산을
좋아하는 사람도 납득할 만큼 멋진 모양이다.

후지야 [不二家]

페코짱ペコちゃん이라는 캐릭터로 잘 알려진 제과
회사로 1910년에 세워졌다. 1935년에 하트모양
초콜릿을 발매, 1956년에는 밸런타인 세일을 실시
했다. 「파라솔 초콜릿」이나 「루크 초콜릿」등 아이
들에게 인기 있는 초콜릿을 계속 만들고 있다.
→ 「루크 초콜릿」, 「파라솔 초콜릿」, 「칼럼: 밸런타
인 데이와 초콜릿」

모두의 아이돌~♡

숫자,A-Z

후지제유 [不二製油]

자사 독자의 초콜릿용 유지를 사용한 기능성 초콜
릿이나 커버추어 등 제과·제빵 용 초콜릿을 제조,
판매하는 일본의 식품회사.

3D 프린터

프린터라고 하면 평면에 인쇄하는 것이 일반적이
지만, 컴퓨터에서 만든 데이터를 기초로 입체를
조형하는 3D 프린터도 있다. 최근에는 초콜릿 제
조 분야에도 이 3D 프린터가 진출하고 있는데, 영
국의 프린터 제조사 창업자가 자사 제품 성능의
우수성을 선보이기 위해, MRI로 스캔한 자신의 뇌
를 본뜬 모양의 초콜릿을 3D 프린터로 만들어 직
접 먹었다고 한다.

3D 프린터로 출력한 두뇌 모양의 초콜릿

D레이션 [D-ration]

초콜릿, 코코아 버터 외에 설탕이나 탈지분유, 오
트밀 등을 원료로 하여 높은 열량을 지닌 개인 휴
대용 비상식으로, 주로 미군이 제2차 세계대전 중
에 사용했다. 한끼 식사분에 600kcal. 참고로 미
군은 제2차 세계대전 당시, 휴대성을 중시한 전투
식량으로 「K레이션」을 배급했는데, 1일 3끼 분이
한 세트로 약 3000kcal. 물론 여기에도 「D레이션」
이 포함되어 있었다고 한다.
→ 「군용 초콜릿」

군인들의 에너지원

4대 발명

오늘날의 맛있는 초콜릿을 만드는데 있어 초석이
된 위인들의 공적

[발명 1]
카카오파우더의 발명
1828년, 네덜란드의 판 하우턴이 카카오 빈에서
카카오 버터 일부를 제거하는 방법을 발명. 나아
가 알칼리 처리에 의해 카카오 빈의 산도를 낮추
는 데 성공했다. 이에 따라 기름지고 뜨거운 물에
잘 녹지 않으며, 산미가 신경쓰이는 등의 문제가
해소. 초콜릿 가격도 그때 당시보다 저렴해져서
일반인도 마실 수 있게 되었다.
→ 「판 하우턴」, 「카카오파우더」, 「카카오 버터」,
「알칼리 처리」, 「더칭」

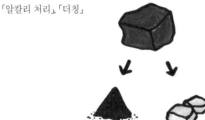

[발명 2]
먹는 초콜릿의 탄생
1847년 영국의 조지프 스토어즈 프라이가 카카오
매스에 카카오 버터를 첨가하고 설탕을 반죽해넣
은 고형의 먹는 초콜릿의 제조법을 발명했다.
→ 「조지프 스토어즈 프라이」

[발명 3]
밀크초콜릿의 등장
스위스의 앙리 네슬레가 1867년에 분유를 만드는
방법을 발명했으며, 분유를 사용하여 1875년 네슬
레의 친구였던 다니엘 페터가 세계 최초의 밀크초
콜릿을 만들었다.
→ 「앙리 네슬레」, 「다니엘 페터」, 「밀크초콜릿」

[발명 4]
콘칭 기술의 개발
1879년 스위스의 로돌프 린트가 초콜릿을 장시간
반죽함으로써 입 안에서 부드럽게 녹는 식감을 얻
을 수 있는 콘칭 제법을 고안했다. 이 기술의 개발
로 인해 그때까지 혀에 닿는 촉감이 거칠었던 초
콜릿이 특유의 녹는 느낌과 부드러운 감촉으로 진
화해 갔다.
→ 「콘칭」, 「로돌프 린트」

Nyam~

매끄러운 식감으로~

숫자, A-Z

M&M's

1941년 손에 쥐어도 녹지 않는 휴대성 좋은 초코
볼. 미군 병사를 대상으로 마즈Mars가 발매했다.
하지만 이 색색의 초콜릿은 얼마 가지 않아 아이
들 사이에서도 인기를 끌었다. 1982년에는 우주
왕복선의 첫 우주비행에 함께한 우주식의 하나로
선택되었다.

→「우주식」

OPP시트 [OPP Sheet]

OPP란 Oriented PolyPropylene의 약자로, OPP
시트는 그것을 소재로 만든 시트를 말한다. 틀이
나 널빤지에 깔고 그 위에 템퍼링한 초콜릿을 부
으면 광택이 난다.

숫자, A-Z

코코아와는 조금 다른
초콜릿 드링크의 풍부함

Chocolate
[초콜릿 드링크]

초콜릿을 우유나 생크림에 녹인 것. 초콜릿은 카카오 빈을 으깬 카카오 매스에 카카오 버터를 첨가한 것으로 유지도 다량 함유되어 있으며 코코아보다 진한 맛이 납니다.

cocoa
[코코아]

코코아는 카카오파우더와 설탕을 뜨거운 물이나 우유에 녹여 섞어 마시는 것. 카카오 파우더는 카카오 매스에서 카카오 버터를 제거하여 유지성분을 줄인 것이므로 상대적으로 담백합니다.

 ## 하지만 둘 다 맛있어요! /

일본에서는 코코아와 초콜릿 드링크의 구별이 애매한 경우가 일반적이어서 카페에서도 메뉴에 코코아를 「핫 초콜릿」이라 적어놓는 곳도 많은데 초콜릿 드링크는 케이크를 하나 먹은 것 같은 진한

기분이 드는 음료입니다. 둘 중 하나를 고르라면 코코아는 깔끔하게 마시기 편하고…. 음, 결국 둘 다 맛있다고 할까요?

분야별 색인

관련업자·브랜드·제조사

용어

사회·단체

[참고문헌]

『초콜릿의 역사チョコレートの歴史』, 소피 도브잔스키 코, 마이클 도브잔스키 코 저, 히구치 사치코樋口幸子 역, 가와데쇼보신샤河出書房新社, 1999 ※1

(한국어역)『초콜릿』, 소피 도브잔스키 코, 마이클 도브잔스키 코 저, 서성철 역, 지호, 2000

『초콜릿 박물지チョコレート博物誌』, 가토 유키오加藤由基雄, 야스기 카호八杉佳穂 저, 쇼가쿠칸小学館, 1996 ※2

『카카오와 초콜릿의 사이언스 로망-신의 음식의 불가사의カカオとチョコレートのサイエンス·ロマン─神の食べ物の不思議』, 사토 기요타카佐藤清隆, 고야노 데쓰오古谷野哲夫 저, 사이와이쇼보幸書房, 2011 ※3

『사랑의 사과와 훈제 원숭이와 금지된 음식물 愛の林檎と燻製の猿と─禁じられた食べものたち』, 스튜어트 리 앨런 저, 와타나베 요渡辺葉 역, 슈에이샤集英社, 2003 ※4

(한국어역)『악마의 정원에서』, 스튜어트 리 앨런 저, 정미나 역, 생각의 나무, 2005

『합스부르크 가의 과자ハプスブルグ家のお菓子』, 세키타 아쓰코関田 淳子 저, 신진부쓰오라이샤新人物往来社, 2011 ※5

『코스모스의 수수께끼-색도 향도 초코와 똑같다?! 초콜릿코스모스 대연구コスモスの謎: 色も香りもチョコそっくり!? チョコレートコスモス大研究』, 오쿠 다카요시奥 隆善 저, 세이분도신코샤誠文堂新光社, 2014 ※7

『작가의 간식作家のおやつ』, 코로나북스コロナブックス 편집부, 헤이본샤平凡社, 2009 ※8

『초콜릿 다이어트チョコレート・ダイエット』, 구스타 에리코楠田 枝里子 저, 겐토샤幻冬舎, 2004 ※9

(한국어역)『초콜릿 다이어트』, 구스타 에리코 저, 정선희 역, 고려원북스, 2006

『초콜릿의 기적チョコレートの奇跡』, 구스타 에리코 저, 주오코론샤中央公論社, 2011 ※10

『배우면 즐겁고, 만들면 맛있다 초콜릿 대연구-맛의 비밀과 역사, 과자만들기チョコレートの大研究 学んで楽しい、つくっておいしい おいしさのヒミツと歴史、お菓子づくり』일본초콜릿·코코아협회 감수日本チョコレート·ココア協会, PHP연구소PHP研究所, 2007 ※11

『초콜릿에 대한 기본 사항チョコレートにとって基本的なこと』, 르 꼬르동 블루, 센주 마리코千住 麻里子 역, 시바타쇼텐柴田書店, 2010

『쇼콜라 에 카카오-테오브로마 쓰치야 코지의 초콜릿Chocolat et Cacao—テオブロマ 土屋公二のチョコレート』, 쓰치야 코지 土屋公二 저, 네코퍼블리싱ネコ·パブリッシング, 2004

『프랑스 과자도감-과자의 이름과 유래フランス菓子図鑑- お菓子の名前と由来』, 오모리 유키코大森 由紀子 저, 세카이분카샤世界文化社, 2013

『초콜릿-감미로운 보석의 빛과 그림자チョコレート: 甘美な宝石の光と影』, 모트 로젠블럼 저, 고나시 나오小梨 直 역, 가와데쇼보신샤, 2009

『초콜릿의 진실チョコレートの真実』, 캐럴 오프 저, 기타무라 요코北村 陽子 역, 에이지슛판, 2007

(한국어역)『나쁜 초콜릿』, 캐럴 오프 저, 배현 역, 알마, 2011

『초콜릿 바이블 인생을 바꾸는「한 장」을 찾아· 人生を変える「一枚」を求めて』, 클로아 두트레 루셀 저, 미야모토 사야카宮本 清夏, 보몽 아이코ボーモント 愛子, 마쓰우라 유리松浦 有里 역, 세이신샤清心社, 2009

『초콜릿의 역사이야기(과자 도서관)チョコレートの歴史物語 (お菓子の図書館)』, 사라 모스, 알렉산더 바데녹 저, 쓰쓰미 리카堤 理華 역, 하라쇼보原書房, 2013

(한국어역)『초콜릿의 지구사』, 사라 모스, 알렉산더 바데녹 저, 강수정 역, 휴머니스트, 2012

『초콜릿의 세계사-근대 유럽이 갈고 닦아낸 갈색의 보석チョコレートの世界史—近代ヨーロッパが磨き上げた褐色の宝石』, 다케다 나오코武田 尚子 저, 주오코론샤, 2010

(한국어역)『그림과 사진으로 풀어보는 초콜릿 세계사』, 다케다 나오코 저, 이지은 역, AK커뮤니케이션즈, 2017

『초콜릿 사전チョコレート事典』, 세이비도슛판成美堂出版, 2003

『모든 사람의 초콜릿 북みんなのチョコレートブック』, 엔터브레인무크エンタブレインムック, KODOKAWA, 2014

『살롱 뒤 쇼콜라 오피셜 무크 2015/2016サロン・デュ・ショコラオフィシャルムック2015/2016』, KADOKAWA

『The Diary of Frida Kahlo: An Intimate Self-Portrait』, Carlos Fuentes, Harry N. Abrams, 2005

[참고웹사이트]

http://www.chocolate-cocoa.com ※6

맺음말

저는 초콜릿을 매우 좋아합니다.

초콜릿은 없어도 살 수 있지만, 있으면 매일의 삶이 무척 풍부해진다고 생각되는, 마치 예술과도 같은 존재입니다. 맛도 물론 좋아하지만, 그 존재감 역시 초콜릿 나름의 특별한 매력이라고 생각합니다.

이 책이 완성되기까지 실로 긴 시간이 걸렸습니다.

몇 년 전부터 편집자 아카시 가즈코씨와 만날 때마다 왠지 꼭 초콜릿 이야기를 하곤 했습니다. 언제부터인가 초콜릿을 먹고 즐기는 것 뿐만이 아니라, 그림과 문장이 잔뜩 들어간 초콜릿 책을 만드는 포부로 부풀게 되었습니다.

하지만 먹는 일이나 아는 일과 책을 만드는 일은 좀처럼 매듭이 지어지지 않았고, 저는 초콜릿으로 머리가 가득차게 되었죠. 그것을 아카시 씨와 감수를 맡아주신 센주 마리코씨, 세이분토 신코샤의 나카무라 도모키 씨가 시간을 들여 풀어주셨고, 디자이너인 사토 아키라씨가 훌륭한 책의 형태로 완성해주었습니다. 정말 감사드립니다. 매일 초코의 시식에 함께 가준 가족에게도 감사하고 싶습니다.

또한, 취재를 통해 초콜릿의 다양한 매력을 가르쳐주신 분들께도 감사의 마음을 전하고 싶습니다. 그리고 이 책을 손에 들어주신 독자 여러분께도 마음 깊이 감사의 인사 올립니다.

앞으로도 초콜릿과 함께 풍부한 인생을 즐기시길 바라며.

Dolcerica 香川理馨子

Dolcerica 가가와 리카코

저자 소개_Dolcerica 가가와 리카코

초콜릿을 너무도 사랑하는 일러스트레이터 겸 라이터. 각종 광고와 잡지, 서적 등의 매체에서 활동하면서 개인전을 통해 아티스트로서의 독자적 세계를 표현한 회화 작품을 발표하고 있음. 필명으로 사용하고 있는 'Dolcerica'는 과자 이름이면서 이탈리아어로 '달콤한'이라는 뜻의 '돌체 Dolce'와 자신의 별명인 '리카'를 합쳐 만든 것. http://www.rikako-dolcerica.com

감수_센주 마리코

르 꼬르동 블루Le Cordon Bleu 도쿄 아카데미 제1기생으로 입학 후, 동 파리 아카데미로 유학. 졸업 후에는 파리에서 어시스턴트, 스타주(수련 요리사) 과정을 거친 뒤 일본으로 귀국했으며, 르 꼬르동 블루 도쿄 아카데미에서 어시스턴트, 통역, 테크니컬 코디네이터로 근무했다. 현재는 요리연구가 겸 번역가로 레시피 연구와 제과 및 요리 관련 서적의 번역을 맡고 있으며, 초콜릿 테이스팅 세미나의 강사로도 활동 중.

역자 소개_이지은

어릴 적에는 국문학자를 꿈꿨으나 대학에서 영어영문을 전공했으며, 현재는 영미권 도서와 일본어권 도서를 두루 소개하는 번역가로 활동 중이다. 역서로는 『음악으로 행복하라』(공역), 『자신을 브랜딩하는 방법』, 『문양박물관』, 『세계장식도 1, 2』, 『민족의상1, 2』, 『록펠러의 부자가 되는 지혜』 등이 있다.

초콜릿어 사전

초판 1쇄 인쇄 2018년 2월 10일
초판 1쇄 발행 2018년 2월 15일

저자 : Dolcerica 가가와 리카코
감수 : 센주 마리코
일본어판 편집 : 아카시 가즈미
장정 디자인 : 사토 아키라
번역 : 이지은

펴낸이 : 이동섭
편집 : 이민규, 오세찬, 서찬웅
디자인 : 조세연, 백승주
영업·마케팅 : 박래풍, 송정환, 최상영
e-BOOK : 홍인표, 김영빈, 유재학, 최정수
관리 : 이윤미

㈜에이케이커뮤니케이션즈
등록 1996년 7월 9일(제302-1996-00026호)
주소 : 04002 서울 마포구 동교로 17안길 28, 2층
TEL : 02-702-7963~5 FAX : 02-702-7988
http://www.amusementkorea.co.kr

ISBN 979-11-274-1336-1 03900

CHOCOLATE NI MATSUWARU KOTOBAWO AMA-KU YOMITOKU CHOCOLATE GO JITEN
©RIKAKO KAGAWA 2016
Originally published in Japan in 2016 by Seibundo Shinkosha Publishing Co., Ltd., TOKYO,
Korean translation rights arranged with Seibundo Shinkosha Publishing Co., Ltd., TOKYO,
through TOHAN CORPORATION, TOKYO.

이 도서의 국립중앙도서관 출판예정도서목록(CIP)은
서지정보유통지원시스템 홈페이지(http://seoji.nl.go.kr)와
국가자료공동목록시스템(http://www.nl.go.kr/kolisnet)에서 이용하실 수 있습니다.
(CIP제어번호: CIP2018001397)
*잘못된 책은 구입한 곳에서 무료로 바꿔드립니다